9,80

PLASTE UND ELASTE

EDITION JULE HAMMER

PLASTE UND ELASTE

EIN DEUTSCH-DEUTSCHES WÖRTERBUCH

ZUSAMMENGESTELLT VON THEODOR CONSTANTIN

SAPERE AUDE

HAUDE & SPENER

Zeichnungen: TITUS

Satz: Volker Spiess, Berlin
Umschlag: Hauke Sturm, Berlin
Druck: Color-Druck G. Baucke, Berlin
ISBN 3-7759-0249-X
Auflagenbezeichnung (letzte Ziffer maßgebend:)
Auflage: 6 5 4 3
Jahr: 1985 1984 1983

Vorwort

> Worte haben, wie die Menschen
> ihr gewisses Vaterland,
> gelten da vor allen andern,
> wo sie lang und wohlbekannt.
>
> Friedrich von Logau, Deutsche Sinn-Gedichte (1654)

Vor reichlich zwei Jahren präsentierte die Edition Jule Hammer das „Berliner Schimpfwörterbuch" und wollte dies durchaus als Programm verstanden wissen.

Nicht zuletzt sollte damit den Konsumenten von Berlin-Literatur aller Schattierungen und Qualitäten der Blick geöffnet werden auch für ‚Crazy-Berlin', für die verrückten Seiten Berliner Lebens – welches selbst ja immer ein bedeutender Bereich deutschen Lebens überhaupt bleibt.

Soll nun aber mit der vorliegenden Untersuchung des Wortschatzes der DDR-Sprache zum Ausdruck gebracht werden, daß unsere Brüder und Schwestern drüben, zum Beispiel in Ostberlin, verrückt sind, ihre Sprache verrückt ist?

Das sicher nicht – aber vielleicht sind sie uns inzwischen auf manche Art ein wenig ent-rückt. Oder die Versatzstücke unserer gemeinsamen Sprachbühne sind inzwischen sonderbar ver-rückt. Wobei drüben neue Wort-Kombinationen oft merkwürdig ungeschickt im neuen Sprach-Raum herumstehen, als innerdeutsche Fremdwörter.

Immerhin, ihren Sinn haben sie: zu Recht, um mit Goethe zu sprechen, „glaubt der Mensch, wenn er nur Worte hört, es müsse sich dabei doch etwas denken lassen . . ."

Freilich, es kann, darf (sollte sogar) über all das auch geschmunzelt werden. So zart beseitet ist man schließlich in der DDR nicht.

Und im Hinblick auf hiesigen „Null-Bock" in Sachen Sprache fordern wir unsere Nachbarn im Osten auf, ihrerseits ruhig Wort für Wort kräftig und polemisch dagegenzuhalten.

Wenn allein dies durch unsere Veröffentlichung erreicht würde, hätte sich das Ganze schon gelohnt.

Jule Hammer

PLASTE UND ELAAAAASTE

Plaste und Elaste

Wenn es um das Verhältnis zwischen den beiden deutschen Staaten geht, wird kein Wunsch so häufig geäußert wie: „Man sollte erstmal miteinander reden". Das mag auf der Ebene der großen Politik im mehr oder weniger gespreizten Stil offizieller Kommuniqués seine Bewandnis oft schon darin finden, daß man das Mindestmaß vorhandener Gemeinsamkeiten in nüchtern-ausgewogener Sprache auf den „vertretbaren" Nenner zurückschraubt. Und der erscheint dann mitunter allzuklein. Aber wenn man sehr wenig sagt, weil man nichts falsches sagen will, sagt man oft zu wenig. So, als wäre das alte Sprichwort „Reden ist Silber, Schweigen ist Gold" der Kantsche Imperativ.

Im Alltagsleben, wo es ja sowieso bestenfalls um Silber geht, sieht das ganz anders aus. Schließlich sitzt man nicht bei Tante Frieda in Rostock auf dem Sofa und schweigt. Da ist man auch kein Diplomat, man erzählt, man hört zu und man weiß nicht immer ganz genau, wovon die gute Tante eigentlich spricht. Das Sprachproblem beginnt ja schon, wenn man nach Berlin reist.

Staunenden Auges liest jeder, der das erstemal die Transitstrecke zwischen Berlin-West und der Bundesrepublik mit dem Auto hinter sich bringt, so markante Inschriften wie „Plaste und Elaste aus Schkopau". Was das bedeuten soll, dämmert einem schon – aber was meint es genau? Schkopau kann man im Atlas nachschlagen. Aber Plaste und Elaste?

Das vorliegende deutsch-deutsche Wörterbuch will der fast schon babylonischen Sprachverwirrung zwischen den beiden deutschen Staaten mittels kurzer und präziser (aber keineswegs bierernster) Informationen ein Ende bereiten. Ob man es auf der nächsten Reise mitnehmen darf – eben wenn man die Tante wieder einmal besucht – kann weder der Autor noch der Verlag entscheiden. Das liegt in anderen Händen. Dennoch: vorher und nachher ein Blick in die folgenden Seiten kann vielleicht manchem Mißverständnis (und das gilt nicht nur für die Gespräche mit der Tante!) einen Riegel vorschieben.

Das deutsch-deutsche Wörterbuch will DDR-Besuchern sprachliche Hilfen geben. Mehr wäre vermessen. Aber viele kleine Schritte sind oft besser als ein „großer Sprung nach vorn". Zumindest sicherer. Im Mittelpunkt des Wörterbuchs stehen:

1. Offizielle Neuprägungen der DDR-Sprache im politischen und wirtschaftlich-gesellschaftlichen Bereich (Meister von Morgen, MMM, Menüladen, Exquisit usw.).
2. Neuformungen in der inoffiziellen – „volkstümlichen" – Sprache zwischen Herleshausen und Guben, die sich in so einprägsamen Schöpfungen wie „der Kollege von der K", „die Firma" oder „unser Trabbi" niedergeschlagen haben.

Die vorhandenen „wissenschaftlichen" Wörterbücher sind im Anhang vermerkt. Natürlich wurden nicht alle Neuen Wörter (vor allem, was die zweite Gruppe betrifft) dort gefunden. Hier halfen uns Leute, die mit der Sprache aufgewachsen sind, ebenso wie eine kritische Durchsicht der DDR-Presse.

Also: Viel Vergnügen beim deutsch-deutschen Sprachvergleich!

Theodor Constantin

Zum Aufbau des Wörterbuchs

Im Sprachgebrauch der DDR sind Abkürzungen – wie auch bei uns – äußerst beliebt. Wozu die allzu forsche Verwendung solcher nur den Eingeweihten verständlichen Kürzel führen kann, ist unter dem Stichwort „Bahnhof“ illustriert. Aus diesem Grunde ist im vorliegenden Wörterbuch jedem Buchstaben ein Verzeichnis der gebräuchlichsten Abkürzungen vorangestellt. Die Begriffe, die einer weiteren Erklärung bedürfen, sind durch **Fettdruck** hervorgehoben, sie werden im folgenden Stichwortteil näher erläutert. Das gilt übrigens auch für Wortbestandteile (etwa: Bahnhofsdispatcherleitung). In solchen Fällen kann die gegebene Erklärung für den fremden Wortteil ohne weiteres zum Verständnis führen. Innerhalb der einzelnen Worterklärungen sind Stichworte, die an gegebener Stelle ausführlicher kommentiert werden, ebenfalls durch **Fettdruck** kenntlich gemacht.

HIER!?
APO?!
APO
ABTEILUNGS
PARTEI
ORGANISATION

A

ABF, Arbeiter- und Bauernfakultät

ABV, Abschnittsbevollmächtigter

ACZ, Agrochemisches Zentrum

AdK, Akademie der Künste der DDR

ADN, Allgemeiner Deutscher Nachrichtendienst

AdW, Akademie der Wissenschaften der DDR

AE, Arbeitseinheit

AGB, Arbeitsgesetzbuch

AGL, Abteilungsgewerkschaftsleitung des FDGB

AGP, Arbeitsgemeinschaft der Produktionsgenossenschaften

AIK, Agrar-Industrie-Komplex

AN, Arbeitsnorm

APO, Abteilungsparteiorganisation der SED

APOS, allgemeinbildende polytechnische Oberschule

APW, Akademie der Pädagogischen Wissenschaften der DDR

ASG, Armeesportgemeinschaft (vgl. Sportgemeinschaft)

ASK, Arbeitsschutzkommission oder Armeesportklub

ASV, Armeesportvereinigung oder Allgemeiner Sportverband

AWA, Anstalt zur Wahrung der Aufführungsrechte auf dem Gebiet der Musik

AWG, Arbeiterwohnungsbaugenossenschaft

Abendstudium, normales Studium, das abends – nach der Berufstätigkeit – durchgeführt, zu einem Hoch- oder Fachschulabschluß führen soll. Abendstudenten besuchen spezielle Abenduniversitäten.

Abgrenzung, Bezeichnung für die ideologische Stellung gegen das westliche Gesellschaftssystem, vor allem gegen die Bundesrepublik Deutschland. Nach Ansicht der DDR schließt die „bewußte Abgrenzung" vom nichtsozialistischen System eine Pflege von Beziehungen auf verschiedenen Bereichen zwischen den beiden deutschen Staaten auf völkerrechtlicher Ebene nicht aus. Der Begriff der Abgrenzung wurde in den siebziger Jahren verstärkt benutzt, um im beginnenden innerdeutschen Dialog den eigenen Standpunkt nicht in Frage zu stellen.

Abprodukte, Müll (Asche, Schlacke, Abwässer, Alttextilien usw.), der als volkswirtschaftliche Reserve erneut in den Rohstoffkreislauf eingeführt werden soll (was bei uns „Recycling" heißt). Die zur industriellen Wiederverwertung aufbereiteten Stoffe werden als **Sekundärrohstoffe** bezeichnet.

Abschnittsbevollmächtigter (ABV), Polizeibeamter, der (dem Westberliner KoB, Kontaktbereichsbeamter, vergleichbar) für einen bestimmten Wohnbezirk zuständig und verantwortlich ist.

Abzeichen „Für gutes Wissen", Auszeichnung der FDJ für erfolgreiche Absolvierung des „Studienjahres der FDJ". Das Abzeichen wird nach bestandener Prüfung in den Stufen Gold, Silber oder Bronze verliehen.

Agitation, politische Information breiter Bevölkerungsteile über das aktuelle Geschehen und die „richtige" Anwendung der marxistisch-leninistischen Grundzüge. Agitation wird (im Gegenaatz zur **Propaganda**, die auf eine systematische Erarbeitung der marxistisch-leninistischen Lehre zielt) vor allem in Kampagnen zu bestimmten Ereignissen verwandt.

Hat das Wort in der Bundesrepublik einen negativen Beigeschmack (einseitig informieren) so wird es in der DDR im Sinne von „politischer Aufklärung“ begriffen, wobei diese natürlich dem Ziel dient, abweichende Auffassungen zu überwinden.

agra, Name der Landwirtschaftsausstellung der DDR, die seit 1950 jährlich in Markkleeberg (bei Leipzig) veranstaltet wird.

agrar-, in vielen Zusammensetzungen mit der Bedeutung „landwirtschaftlich“.

Agrochemisches Zentrum (ACZ), Dienstleistungsbetrieb in der Landwirtschaft, der zwischenbetrieblich den Einsatz chemischer Produkte (Dünger, Pflanzenschutzmittel usw.) überwacht und leitet.

Agronom, Fachkraft in der Landwirtschaft, insbesondere in den landwirtschaftlichen Produktionsgenossenschaften.

Aktiv, Arbeitsgruppe (Team, Beirat).

Aktivist, Arbeiter und Angestellte, die den Plan „übererfüllten“ und dafür geehrt wurden. Seit 1969 wurden in der DDR mehrere hunderttausend Werktätige mit dem Titel **Aktivist der sozialistischen Arbeit** geehrt. Natürlich gibt es auch den **Verdienten Aktivisten** oder die **Hervorragenden Jungaktivisten**.

Aktivist der ersten Stunde, Ehrenbezeichnung für Veteranen, die unmittelbar nach 1945 im Gebiet der heutigen DDR vollen Einsatz für den Aufbau des „sozialistischen Gesellschaftssystems“ zeigten.

Allgemeinbildende polytechnische Ober-Schule (APOS), vgl. **polytechnischer Unterricht**.

Allgemeiner Deutscher Nachrichtendienst (ADN), zentrale, staatliche Nachrichtenagentur der DDR, 1946 als GmbH gegründet, seit 1953 in Staatsbesitz.

Anstalt zur Wahrung der Aufführungsrechte auf dem Gebiet der Musik (AWA), die AWA – die unserer GEMA entspricht – überwacht die Urheberrechtsabgaben bei musikalischen Werken und führt die Kontrolle der Auslandsrechte durch.

antifaschistischer Schutzwall, offizielle Bezeichnung für die Berliner Mauer.

Apparatschik, beamteter Funktionär, meist abschätzig benutzt.

Arbeiter- und **Bauern-**, wird in vielen Verbindungen benutzt, um die Volksnähe und den sozialistischen Charakter von Institutionen zu unterstreichen. Die DDR bezeichnet sich selbst – in der Tradition der KP vor 1933 – als **Arbeiter- und Bauernstaat.**

Arbeiter- und **Bauernfakultät** (ABF), 1949 gegründete eigenständige Fakultäten an den DDR-Universitäten und Hochschulen, mit deren Hilfe der Anteil an Arbeitern und Bauern unter den Studenten gefördert werden sollte. Nach 1961 wurden die meisten ABF's im Rahmen des „einheitlichen sozialistischen Bildungswesens" in die Hochschulen eingegliedert. Heute bestehen nur noch an der Martin-Luther-Universität Halle und der Bergakademie Freiberg Arbeiter- und Bauernfakultäten.

Arbeitseinheit (AE), Maßeinheit für zu erbringende Leistungen von Mitgliedern einer **landwirtschaftlichen Produktionsgenossenschaft.**

Arbeitserziehung, besondere Form des Strafvollzugs in der DDR.

Artothek, Sammlung von Gemäldereproduktionen, oft Bezeichnung für die Kunstabteilung öffentlicher Bibliotheken.

Asphaltblase, spöttisch für den Kleinwagen „Trabant" vgl. „Trabbi".

– SIE HATTEN DOCH EIN AUFGEBOT BESTELLT!?

Aspirant, Nachwuchskraft an wissenschaftlichen Hochschulen, die weitere Qualifikation anstrebt (**Aspirantur**).

attestieren, befördern. (Vor allem wegen Leistungen und Verdiensten.) Als **Attestation** gilt neben dieser Beförderung auch die Personalbeurteilung eines Offiziers der NVA.

Aufgebot, bei diesem Wort denken DDR-Bürger nicht nur an die Flitterwochen. Als Aufgebot gilt auch eine Massenbewegung von Jugendlichen, die einen Wettbewerb zur Erfüllung bestimmter Ziele durchführen. Ein Produktionsaufgebot setzt sich z.B. das Ziel, die Produktionsleistungen qualitativ und quantitativ zu erhöhen. (Die in der letzten Zeit auch in der DDR zu beobachtende Ehemüdigkeit kann nicht direkt auf solche Nebenbedeutungen zurückgeführt werden.)

Aufsichter, Aufsichtsbeamter auf einem Bahnhof der Deutschen Reichsbahn.

B

Bdl,	Bahnhofsdispatcherleitung
BDP,	Bezirksdirektion der Deutschen Post
BfN,	Betriebsbüro für die Neuererbewegung
BGL,	Betriebsgewerkschaftsleitung des FDGB
BGO,	Betriebsgewerkschaftsorganisation des FDGB
BHG,	Bäuerliche Handelsgenossenschaft (der VdgB)
BIS,	Betriebliches Informationssystem
BK,	Baukombinat
BKK,	Braunkohlenkombinat
BKV,	Betriebskollektivvertrag
BMK,	Bau- und Montagekombinat
BNZ,	Bezirksneuererzentrum
BPKK,	Bezirksparteikontrollkommission der SED
BPL,	Betriebsparteileitung der SED
BPO,	Betriebsparteiorganisation der SED
BRK,	Bezirksrevisionskommission der SED
BSG,	Betriebssportgemeinschaft
BZL,	Bezirksleitung

Bahnhof, „ich verstehe nur Bahnhof", häufige hilflose Reaktion von DDR-Bürgern auf die (wie auch bei uns) grassierende Abkürzungssucht. Selbst die Redaktion des „Eulenspiegel" mußte unlängst passen, als der Leiter des Bahnhofs Halle folgendermaßen zu einer Veröffentlichung des Blattes leserbrieflich Stellung nahm:

„Nach der Folo 7042 der RBD Halle (Restarbeiten der UR gem. Betra 75 Rba Halle) fiel der P 8392 Halle (S) ab 1300 h aus. Dafür verkehrte der KOM 8329 Halle (S) ab 1305 h. SEV KOM wurde von der Kollg. Stahl überwacht."

Der „Eulenspiegel" – selbsternannter kritischer Beobachter der Gegenwartssprache in der DDR – schwang sich zum berechtigten Kommentar auf: „Eine Menge Information in wenigen Zeilen. Und man versteht sogar das wichtigste, nämlich Bahnhof.".

Ballast der Republik, auch **Palazzo Prozzi**, spöttisch für den „Palast der Republik" in Berlin-Ost.

Banner der Arbeit, Orden für herausragende Verdienste in Produktion und Entwicklung.

Bauschaffende, Arbeiter und Angestellte im Baubereich.

Bausoldat, Bezeichnung für Kriegsdienstverweigerer in der DDR, die in besonderen Baueinheiten einen 18-monatigen waffenlosen Ersatzdienst ableisten. Im Zuge der Friedensbewegung in der DDR wurde in der letzten Zeit in der Öffentlichkeit zunehmend die Forderung laut, statt des waffenlosen Militärdienstes (Bausoldaten arbeiten vor allem bei militärischen Objekten mit) einen „sozialen Friedensdienst" nach dem Muster unseres „Ersatzdienstes" einzuführen.

Berufsaufklärer, kein staatlich angestellter Philosoph, wie man meinen könnte, sondern ein Berufsberater, der die Aufgabe hat, Schulabsolventen entsprechend den wirtschaftlichen Notwendigkeiten für bestimmte Berufe zu begeistern.

Bestarbeiter, Werktätige, die sich bei der Planerfüllung besonders ausgezeichnet haben oder für ihre Verdienste ausgezeichnet wurden.

Besucherdienst, Zentrale Agentur für den Verkauf von Theater- und Konzertkarten in Ostberlin.

Betriebsgewerkschaftsleitung (BGL), betriebliches „oberstes Leitungsgremium des FDGB" (vom Bereich des Politischen abgesehen, erfüllt die BGL Aufgaben, die bei uns dem „Betriebsrat" zufallen).

Betriebskampfgruppe, vgl. **Kampfgruppe**.

bewaffnete Organe der DDR, offiziell für Streitkräfte.

Blanker, umgangssprachlich für reines Benzin/Super im Gegensatz zum Benzin-Öl-Gemisch, das die meisten DDR-Kraftwagen (Zweitakter) benötigen.

Blauhemd, sowohl als Bezeichnung für das blaue Hemd der FDJ-Mitglieder als auch für diese selbst verwandte Kurzbezeichnung.

Bonzenschleuder, umgangssprachlich für den PKW „Wolga" aus sowjetischer Produktion, der den Partei- und Regierungsspitzen lange vorbehalten war (vgl. Ulbrichtshausen), sowie die Bezeichnung **Kommunistenschaukel** für den tschechoslowakischen „Tatra", der den Mittelbau transportierte.

Bonzograd, früher spöttisch für das Funktionärswohnviertel Pankow, heute oft **Volvograd** genannt (worin sich die Vorliebe für eine bestimmte Automarke spiegelt).

Bordbuch, Kontrollbuch für Landwirtschaftsmaschinen, in dem Leistungen, Verbrauch, Reparaturen usw. erfaßt werden.

Brigade, kleinste Arbeitsgruppe in einem Produktionsprozeß.

Broiler, gebratenes Hähnchen, allzu zähe Exemplare werden auch als „Gummiadler" (in den Berliner Randbezirken natürlich „Jummiadler") bezeichnet.

Bruder, brüderlich, häufig benutzte Worte, um die enge Zusammengehörigkeit zwischen den Ostblockländern zu unterstreichen. (**Bruderarmee, Bruderpartei, Brudervolk . . .**). Vgl. auch **Freunde.**

Bürgschaft, neben den bekannten Bedeutungen bezeichnet das Wort auch eine Verpflichtung gegenüber einem straffällig Gewordenen. (Form der Bewährungshilfe.)

Bundesdeutscher, geläufige Bezeichnung für Bürger der Bundesrepublik Deutschland, die sich – vor allem im Sport – zunehmend gegenüber dem alten Begriff Westdeutscher durchsetzt.

C

CDU, Christlich-Demokratische Union Deutschlands

CKB, Chemiekombinat Bitterfeld

Centrum, Name einer Kette volkseigener Kaufhäuser, die von der HO geleitet werden.

Chemiekombinat Bitterfeld (CKB), mitteldeutsches volkseigenes Großunternehmen, dem eine entscheidende Bedeutung für die DDR-Wirtschaft zukommt.

chemisieren, Bezeichnung für eine Kampagne zum verstärkten Einbezug der chemischen Industrie (sowohl der eigentlichen Chemieindustrie als auch chemischer Verfahren in anderen Industriezweigen) in die Volkswirtschaft der DDR. Ziel ist dabei natürlich das Erreichen, wenn nicht gar Übertreffen des „Weltniveaus".

Chrestomathie, Sammlung literarischer oder wissenschaftlicher Beiträge vorwiegend für Unterrichtszwecke (Sammelband, Anthologie).

Christlich-Demokratische Union Deutschlands (CDU), Partei im antifaschistisch-demokratischen Block, die keineswegs mit der CDU im Westen verwechselt werden sollte. Die CDU (Ost) begreift sich als Auffangbecken von Christen, die den Sozialismus anstreben. (Vgl. **Unionsfreund.**)

D

DBD,	Demokratische Bauernpartei Deutschlands
DEFA,	Deutsche Film-AG
DEWAG,	Deutsche Werbe- und Anzeigen-Gesellschaft
DFD,	Demokratischer Frauenbund Deutschlands
DHfK,	Deutsche Hochschule für Körperkultur
Dl,	Dispatcherleitung
DKGD,	Deutsche Konzert- und Gastspieldirektion
DLK,	Dienstleistungskombinat
DP,	Deutsche Post
DR,	Deutsche Reichsbahn
DSF,	Gesellschaft für Deutsch-Sowjetische Freundschaft
DTSB,	Deutscher Turn- und Sportbund der DDR
DVP,	Deutsche Volkspolizei (oft nur: **VP**)

Datscha, Sommerhaus, Ferienhaus auch Laube (nach dem russischen). Snobs haben übrigens auch in der DDR unsere Bezeichnung „Bungalow" übernommen.

De-De-Err, DDR, eine Ausspracheform der Abkürzung wird erkennbar, wenn man sich die Variante des berühmten Textes „Ich lieb dich nicht, du liebst mich nicht, da, da, da" (Trio) vorspricht, die unter Jugendlichen in der DDR kursiert: „Ich lieb dich nicht, du liebst mich nicht, De-De-Err".

Dederon (zusammengesetzt aus **DDR** + **on**), Kunstfaser, die unserem Perlon entspricht.

Delikat-Laden, staatliches Einzelhandelsgeschäft, in dem DDR-Bürgern für Mark Genußmittel aus westlichen Ländern oder mit westlichen Lizenzen im Inland erzeugte Waren angeboten werden. Gegenüber den (nur „Westwährung" akzeptierenden „Intershops") sind die Preise in den Delikat-Läden um das drei- bis vierfache erhöht.

Demokratischer Block, Bezeichnung für den Zusammenschluß aller Parteien und Massenorganisationen in der DDR. Bei Wahlen legt der Demokratische Block gemeinsame Kandidatenlisten und Programme vor (Blockpolitik).

Deutrans, aus den Wortbestandteilen **Deutsche Transporte** zusammengesetzte Kurzbezeichnung für den „VEB Internationale Spedition", der einzigen Transportfirma, die außerhalb der DDR tätig werden darf.

Direktstudium, Hoch- oder Fachschulstudium, das – im Gegensatz zum **Abendstudium** – direkt und ganztägig absolviert wird. Direktstudienjahre bilden oft auch den Abschluß des Fernstudiums bzw. Abendstudiums.

Diskothek, Kurzform **Disko**, meint in der DDR nicht den von New York bis Tokio bekannten Glitzerbau, sondern wird als Bezeichnung für eine Veranstaltung verwendet. Eine Disko muß aber keineswegs nur eine Tanzveranstaltung sein. Oft benutzt man die Attraktivität der Disko, um kulturelle oder politische Veranstaltungen aufzuwerten. So ist auch aus dem Discjockey ein **Diskosprecher** geworden und eine **Familiendisko** ebenso alltäglich wie eine **Veteranendisko**.

Diskussionsbesamer, im spöttischen Funktionärsjargon wird so derjenige bezeichnet, der auch dann – wenn es nichts zu sagen gibt – noch eine Diskussion am Leben hält (oder eben zeugt).

Dispatcher, Mitarbeiter in der Sozialistischen Produktion, der vor allem für die Organisation von Produktions- und Verkehrsleitung zuständig ist. Das Wort kam in der DDR aus dem Russischen, es wird auch bei uns gelegentlich verwandt, geht dann aber auf den eigentlichen amerikanischen Ursprung zurück.

Dispatcherdienst, Kontroll- und Lenkungssystem.

Dispatcherleitung, vor allem bei der Deutschen Reichsbahn engscheidende Organisationsträger (vom Hauptdispatcher im Ministerium für Verkehr über den Oberdispatcher bei den einzelnen Reichsbahndirektionen bis zum Bahnhofsdispatcher vor Ort).

Diversant, aus dem russ., Störer, Saboteur, Agent. Das ihm unterstellte Verbrechen heißt **Diversion**.

drüben, wie auch bei uns meint „drüben" in der DDR den anderen Teil Deutschlands. Was von „drüben" kommt, wird fast immer mit anderen Augen gesehen. Offiziell im Versuch der **bewußten Abgrenzung**, privat in der Bewunderung für den Onkel von „drüben" (vgl. **West-**). „Nach drüben machen" ist eine sehr umgangssprachliche Umschreibung des offiziellen Begriffs „Republikflucht". Resignierte Biertischliteraten zitieren oft mit bedeutungsschwangerer Stimme den bekannten Vers: „Nach drüben ist der Ausweg uns verrannt."

Drushba-Trasse, mitunter auch: Freundschaftstrasse, Bezeichnung für die fast 3.000 km lange Erdgasleitung vom Westural bis zur sowjetisch-polnischen Grenze, an der Teilstrekken von allen osteuropäischen Ländern gebaut wurden. (Drushba heißt russisch „Freundschaft" und ist gleichzeitig Grußform der Komsomolzen, der Angehörigen der sowjetischen Jugendorganisation.)

MEIN NACHBAR VON DRÜBEN
MEIN NACHBAR VON DRÜBEN
HALT HIER

E

EA,	Elternaktiv
EKO,	Eisenhüttenkombinat Ost
EOS,	Erweiterte Oberschule
ESP,	Einführung in die sozialistische Produktion
EVP,	Einzel(handels)verkaufspreis, Endverbraucherpreis

Ehrendienst, offizielle Bezeichnung für Wehrdienst, etwa: Ehrendienst in den bewaffneten Organen der DDR.

Eigeninitiative, da Initiative zumeist zentral gelenkt und angeordnet wird, erscheint – wenn jemand wirklich aus eigenem Antrieb initiativ wird – die dergestalt doppelte Bezeichnung nicht mehr allzu überraschend.

Eine(r) von uns, liebevoll anerkennender Kommentar vor dem Fernseher (Sportprogramm Ost und West), wenn ein DDR-Sportler ganz vorn dabei ist.

eingedeckt, in der Sprache der DDR hat das Wort eine gefürchtete Bedeutung. Jeder Besucher eines Restaurants kennt den schrecklichen Moment, wenn der Kellner – trotz vieler leerer Tische – dem Gast einen Platz mit der Bemerkung „Es ist noch nicht eingedeckt“ (die Gedecke sind noch nicht aufgelegt) verweigert. (Vgl. auch **plazieren**.)

Einzelbetrieb, Privatbetrieb im Gegensatz zu den **Volkseigenen** Betrieben. Da der Anteil der VEB's weit über 99 Prozent der Betriebe ausmacht, entbehrt die Bezeichnung keineswegs einer inneren Logik!

Einzelhandelsverkaufspreis (EVP), vom Ministerium festgelegter Verkaufspreis aller Waren, der auf den Packungen abgedruckt werden muß.

Elaste, wird fast nur im Plural benutzt als Bezeichnung für elastische Stoffe, vom Naturkautschuk bis zum synthetischen Kautschuk sowie ähnliche Chemieprodukte. Während Elaste vor allem in der Reifen- und Farbenindustrie verwendet werden, stellt das **Elastomer** (eine Chemiefaser, die gegen Licht, Fette und Öle resistent ist) einen wichtigen Grundstoff der Textilindustrie dar.

Elternaktiv (EA), Elternbeirat in Schulen

Erfassungsbetrieb, Erfassungsstelle, Organisationen zum Aufkauf landwirtschaftlicher Produkte.

Erich, unser Erich, oft zu hörende Bezeichnung für den Staatsratsvorsitzenden der DDR, Erich Honecker. Die Mischung aus Sympathie und Spott zeigt am besten das kleine Gedicht, das nach der Wiederaufstellung des gewaltigen Reiterstandbildes von Friedrich dem Großen auf der Straße Unter den Linden in der DDR kursierte:

Lieber Friedrich, steig hernieder,
Regiere deine Preußen wieder.
Laß in diesen schweren Zeiten,
Lieber unsern Erich reiten.

Erichs Datscha, oder (abends, bei festlicher Beleuchtung) **Erichs Lampenladen** sind oft gehörte Spitznamen für den pompösen Palast der Republik in Ostberlin (vgl. **Ballast der Republik**).

Erntekapitän, eher umgangssprachlich, anerkennende Bezeichnung für den Führer einer **Erntekombine**, also einen Mähdrescherfahrer bzw. den Fahrer einer modernen zusammengesetzten Ernteeinheit.

Erweiterte Oberschule (EOS), Abiturstufe (Klassen 11 und 12) der allgemeinbildenden Schulen.

Estrade, volkstümliche künstlerische Veranstaltung mit unterschiedlichen Unterhaltungsangeboten. Das Wort leitet sich von Estrade (großes Podium) ab. Zahlreiche Verbindungen wie Estrade der Freundschaft, . . . der Volkskunst oder Zusammensetzungen wie Estradenkonzert, Estradenorchester usw.

Exquisitgeschäft, wie die **Delikat-Läden** vertreiben Exquisitgeschäfte Waren aus westlichen Ländern oder Lizenzprodukte gegen Mark an Bürger der DDR. In ihnen werden auch besonders hochwertige Produkte aus der DDR angeboten. Schwerpunkt des Angebots bilden Kosmetika, Kleidung, Leder- und Rauchwaren.

F

FD, Feriendienst des FDGB

FDGB, Freier Deutscher Gewerkschaftsbund

FDJ, Freie Deutsche Jugend

FFP, Frauenförderungsplan

FGB, Familiengesetzbuch

FPG, Fischerei-Produktionsgenossenschaft

FSG, Fachschulsportgemeinschaft

Fahrerlaubnis, Führerschein (übrigens wird durch eine Änderung der Straßenverkehrszulassungsordnung seit 1982 der jahrelang verfemte Begriff „Führerschein" im – wie es heißt – „Interesse einer Angleichung an die internationalen Gepflogenheiten" wieder in der DDR eingeführt.

Familiengespräch, nicht etwa das Gespräch in der Familie, abends vor der Glotze mit einem Bier in der Hand, sondern Bezeichnung für eine bestimmte Form der Agitation. Beim offiziellen Familiengespräch besuchen (meist) zwei Parteimitglieder ausgewählte Personen in ihrem Heim, um sie über die „Erfolge sozialistischer Politik in der DDR" aufzuklären. Wie das in etwa vor sich geht, kann jeder nachvollziehen, der irgendwann einmal zwei besonders überzeugte Sektenprediger in seine Wohnstube gelassen hat.

Feierabendbrigade, zur Deckung von Engpässen behördlich genehmigte Form der „Schwarzarbeit". Feierabendbrigaden erhalten von ihrem Betrieb die Genehmigung, nach Arbeitsschluß private Arbeiten auszuführen.

Feierabendheim, Altersheim (man beachte die bei uns ebenfalls den Begriff des Alters umgehende modische Bezeichnung „Seniorenheim").

Feriencheck des FDGB, Berechtigungsschein für einen Urlaub mit genauen Angaben über Aufenthaltsort, Reisezeit, Verweildauer usw. Von den Ferienschecks, die gewerkschaftlich verteilt werden, sind die (wesentlich teureren) **Reiseschecks** zu unterscheiden, die in Reisebüros erworben werden können (Pauschalreise).

Ferienspiele, örtliche Beschäftigungsprogramme für Schulkinder während der Ferien (insbesondere für die Schüler der ersten Klassen), zur Entlastung der berufstätigen Eltern.

Fernwettkampf, sportlicher Leistungsvergleich, der an mehreren Orten gleichzeitig stattfindet, vor allem im Bereich des Jugendsports.

Die **Firma**, umgangssprachlich für: der Stasi (= Staatssicherheitsdienst), politische und geheime Polizei in der DDR.

Fonds, Bezeichnung für finanzielle Mittel, die für bestimmte Aufgaben verfügbar sind. Zahlreiche Zusammensetzungen, vom **Arbeitsfonds** über den **Lohn-** und **Prämienfonds** bis zum **Zirkulationsfonds**.

Forschungsstudium, Bezeichnung für die Studienphase nach dem Erwerb des ersten Universitäts- oder Hochschulexamens. Das Forschungsstudium (bei uns zunehmend gebräuchlich: Graduiertenstudium) soll zum Erwerb des Doktortitels führen und damit den wissenschaftlichen Nachwuchs für die Universitäten sichern.

Foyergespräch, offizielle Diskussionsveranstaltung für Theaterkünstler und Publikum, die regelmäßig veranstaltet werden und kulturpolitischer Ausrichtung dienen. (Also: nicht der Flirt im kleinen Schwarzen!)

Freunde, neben der übergreifenden Bedeutung hat „Freunde" in der DDR auch die neue Bedeutung „Sowjetmenschen". Damit kann der Begriff, je nach Tonlage, eine extrem breite

Palette von Gefühlswerten ausdrücken. Wenn's ganz offiziell-herzlich wird, benutzt man auch „Brüder und Freunde".

Freundschaft, offizielle Grußform unter Angehörigen der FDJ. Mit diesem Gruße werden u.a. alle Lehrveranstaltungen an Oberschulen, Fachschulen und Hochschulen eingeleitet.

Freundschaft, auch: Kurzform von **Pionierfreundschaft**.

Friedensbewegung, kirchliche, vor allem unter den Jugendlichen populäre Forderung nach Abrüstung (vgl. **Bausoldat** und sozialer Friedensdienst).

Friedensfahrt, populäre Kurzform für das alljährlich im Mai durchgeführte internationale Radrennen für Amateure „Internationale Radfernfahrt für den Frieden". Das Radrennen führt über 2.000 km durch Polen, die DDR und die CSSR und wird von den drei kommunistischen Zentralorganen dieser Länder „gesponsort".

Friedensgrenze, offizielle Bezeichnung für die Oder-Neiße-Grenze.

— HIMMELDONNERWETTERVERFLIXTNOCHMAL
ICH KOMME VON EINER FRIEDENSFAHRT!

Friedensschicht, freiwilliger Arbeitseinsatz.

fünfte Besatzungsmacht, außerhalb des alten Kernlandes Sachsen oftgehörte und boshafte Bezeichnung für die Bewohner eben dieser Region, die – wegen ihres Dialektes und ihres nicht zu leugnenden Ehrgeizes – weit über das alte Königreich hinaus ihren Einfluß geltend zu machen wußten.

G

GBA, Gesetzbuch der Arbeit

GDSF, Gesellschaft für Deutsch-Sowjetische Freundschaft

GG, Gesellschaftliche Gerichte

GHG, Großhandelsgesellschaft

GHK, Großhandelskontor

GPG, Gärtnerische Produktionsgenossenschaft

GST, Gesellschaft für Sport und Technik

GVP, Gaststättenverkaufspreis

Galerie der Freundschaft, ständige Ausstellungen künstlerischer Arbeiten von Jugendlichen auf Gemeinde- sowie staatlicher Ebene.

Gegenplan, vgl. **Plan**.

Genosse, Anredeform für Mitglieder der SED. Als Genosse werden ebenfalls Angehörige der Polizei und der Armee von Ostblockstaaten bezeichnet. Hier lautet die offizielle Anrede „Genosse Unteroffizier", bzw. den jeweiligen Dienstrang, während bei Parteigenossen der Name benutzt wird.

Genossenschaftsbauer, Mitglied einer landwirtschaftlichen **Produktionsgenossenschaft** (entsprechend: Genossenschaftsgärtner, Genossenschaftsfischer usw.).

Gesellschaft für Sport und Technik (GST), Massenorganisation, die vor allem der vormilitärischen und „wehrsportlichen" Ausbildung der Jugendlichen dient. Seit 1952 bereitet die GST auf den Dienst in der NVA vor. Attraktiv erscheint die GST vielen Jugendlichen wegen der Möglichkeit, Sportarten wie Motorsport, Segelflug, Tauchen usw. auszuüben. Die (uniformierten) „Kameraden" aus der GST stellen ebenfalls organisierte Truppenkontingente für den Objektschutz (Kampfgruppen).

Gesellschaftliche Gerichte (GG), Laiengerichte in Betrieben und Wohnbezirken, die kleinere Vergehen auf Antrag der staatlichen Organe verhandeln.

Gesellschaftlicher Ankläger, gewählter Laie (aus der arbeitenden Bevölkerung), der bei Gerichtsverfahren den Staatsanwalt unterstützt, entsprechend wirkt der gesellschaftliche Verteidiger auf der anderen Seite (er kann vor allem eine Bürgschaft vorschlagen, die u.U. zur Strafaussetzung führt).

gesellschaftlicher Bedarfsträger, Bezeichnung für Leute, Firmen usw. die zur Erfüllung einer „gesellschaftlichen Aufgabe" beitragen, und deshalb bei der Rohstoff- und Materialzuteilung bevorzugt behandelt werden.

Gesellschaftswissenschaften, Zusammenfassung für alle Wissenschaftsdisziplinen, die Aspekte des gesellschaftlichen Lebens erfassen (Soziologie, Philosophie, Wirtschafts-, Geschichts-, Rechts- und Kunstwissenschaften). Studenten an Universitäten der DDR müssen – neben ihrer Fachausbildung – ein dreijähriges gesellschaftswissenschaftliches Grundstudium absolvieren.

Gestattungsproduktion, Lizenzproduktion. Neuprägung für den Teil des mit westlichen Lizenzen (und westlichem Firmenzeichen) in der DDR erzeugten Warenbereichs, der in den Delikat-Läden, Exquisitgeschäften oder auch Intershops angeboten wird. Für den Exportbereich wird weiter die Bezeichnung „Lizenzproduktion" verwendet.

Goldbroiler, Bezeichnung für Brathähnchen im Gaststättenverkauf, wobei das „Gold" nicht nur die angestrebte Farbe sondern auch einen Prestigegewinn bezeichnen soll.

Grenztruppen der DDR, seit 1973 Bezeichnung für die Grenzpolizei, die 1961 in die NVA eingegliedert wurde.

Grenztruppenhelfer, Zivilisten, die in den Sperrzonen entlang der „Westgrenze“ zu Hilfsdiensten herangezogen werden. Sie sind durch eine grüne Armbinde gekennzeichnet und leisten monatlich einen Dienst von 12 Stunden.

Grilletas, Hamburger (nach dem Handbuch der DDR-Gastronomie eine „gegrillte Rindfleischboulette in einem Spezialbrötchen mit Garnitur und scharfer Sauce“ – wohl bekomms).

Großväterchen Frost, aus dem russischen Märchengut entlehnter Ersatz für den (ursprünglich!) christlichen Weihnachtsmann. Man beachte, daß der gute alte Weihnachtsmann auch im Westen durch „Reinold the red-nosed reindeer“ erhebliche Konkurrenz gefunden hat.

H

HGL,	Hausgemeinschaftsleitung
HO,	Handelsorganisation
HOG,	HO-Gaststätte
HOI,	HO-Industriewaren
HOL,	HO-Lebensmittel
HPL,	Hauptamtlicher Pionierleiter
HSG,	Hochschulsportgemeinschaft

halbstaatlicher Betrieb, Privatbetrieb, an dem der Staat finanziell beteiligt ist.

Handelsorganisation (HO), geläufig ist die Kurzform HO zur Bezeichnung des staatlichen Handelsunternehmens, das sowohl den volkseigenen Einzelhandel als auch das Gaststätten- und Hotelwesen leitet. Zur HO gehören ebenfalls die Warenhausvereinigung Centrum, die Interhotels usw. Frohe Kunde, die schnell von Mund zu Mund eilt, lautet etwa „In der HO gibt es . . .". Böse Zungen fragten, nachdem Siegfried Jähn – der erste Astronaut der DDR – den Weltraum besucht hatte: „Was hat Jähn mit dem Leiter einer HO-Filiale gemeinsam?" Die Antwort: „Beide kennen sich im leeren Raum gut aus." (vgl. auch „Wartekollektiv" und „Kürze"). Zahlreiche Zusammensetzungen erklären sich selbst, etwa: HO-Gäststätte (HOG), HO-Kaufhaus, HO-Verkaufsstelle usw.

Hans-Beimler-Wettkämpfe, wehrsportliche Wettkämpfe für 14–16jährige.

Hamwanich, nach „Eulenspiegel" abgekürzt HWN. Meist frustrierende Antwort der Verkäufer in Geschäften auf besondere Wünsche. Oft folgt der Verweis nach **Kürze.**

Hausbuch, in jedem Haus in der DDR ist ein Hausbuch zu führen. Im Hausbuch (das der jeweilige Hausverwalter oder ein Hausvertrauensmann zu führen hat) müssen alle An- und Abmeldungen sowie mehrtägige Besucher erfaßt werden. Die Eintragungen sind der Volkspolizei mitzuteilen.

Hausfrauenbrigade, Arbeitsgruppen nicht berufstätiger Frauen, die – zur Überwindung von „Produktionsengpässen" – regelmäßig in „sozialistischen Betrieben" mitarbeiten. Die Bezahlung erfolgt gemäß Tarifbestimmungen.

Hausgemeinschaft, Organisationsform von Hausbewohnern zwecks Durchführung notwendiger Arbeiten (Renovierung, Sanierung usw.) sowie zur politischen Schulung. Natürlich wird die Arbeit von einer **Hausgemeinschaftsleitung** organisiert.

Hausvertrauensmann, von der Mieterversammlung gewählter Leiter der Hausgemeinschaft.

Havariedienst, keineswegs ein Seenotrettungssystem, sondern der oft sehnlichst herbeigewünschte Notreparaturdienst für Defekte im Haus (Klempner, Elektroinstallation usw.). Schlagseiten nach Zusammenstößen fallen somit nicht ins Ressort dieser Truppe.

Held der Arbeit, Ehrentitel in Verbindung mit einer Medaille und einer hohen Prämie, der für herausragende Leistungen verliehen wird, von denen eine Stärkung der Wirtschaft befördert wird.

Hervorragender . . ., Bestandteil zahlreicher staatlicher Ehrentitel, die bestimmten Berufsgruppen vorbehalten sind. Die Verleihung ist mit einer Geldprämie verbunden. Hervorragend sind z.B. der

> Hervorragende Genossenschaftsbauer, Hervorragende Jungaktivist, Hervorragende Wissenschaftler des Volkes oder das Hervorragende Jugendkollektiv der DDR
> (vgl. auch **Verdienter . . .** und **Held . . .**)

IMMER ICH...!
URKUNDE
ER IST NUN MAL HERVORRAGEND

I-J

IAI,	Interatominstrument
iga,	Internationale Gartenbau-Ausstellung
IML,	Institut für Marxismus-Leninismus beim ZK der SED
JP,	Junge Pioniere (vgl. auch Pionierorganisation Ernst Thälmann)

Ideenbuch (gelegentlich auch: Initiativbuch), Kladde zur Eintragung von Verbesserungsvorschlägen in Betrieben und Institutionen.

Ideenkonferenzen dienen in diesen Betrieben zur Diskussion und Auswertung der erbrachten Vorschläge zur Verbesserung der Arbeitsprozesse.

iga, Internationale Gartenbau-Ausstellung, die jährlich im September in Erfurt stattfindet.

Industrieladen, Spezialverkaufsstellen von volkseigenen Betrieben, durch die eine engere Verbindung zwischen Produktion und Kunden angestrebt wird.

Intelligenzia, spöttisch-abwertend für die Schicht der Hochschulabsolventen.

Intelligenzrente, Sonderrente für Angehörige eben dieser Schicht.

Interatomenergo, zentrale Leitung für die Forschung und Koordination von Kernreaktoren im Ostblock (Sitz: Moskau).

Interatominstrument (IAI), Warschauer Organisation, die für die Zusammenarbeit des Ostblocks beim Kerngerätebau zuständig ist.

Interflug, staatliches Luftfahrtunternehmen der DDR.

Interhotel, Hotel der Spitzenklasse, das vorrangig ausländischen Gästen zur Verfügung steht.

Intershop(-laden), Geschäfte, in denen hauptsächlich westliche Waren ausschließlich gegen westliche Währung abgegeben werden. Intershops befinden sich an den Transitstrecken nach Berlin, in den meisten Interhotels sowie in den größeren Städten der DDR.

Intershop-Schecks müssen von DDR-Bewohnern (seit 1979) gegen westliche Währung in Banken erworben werden, und stellen für diese Gruppe das einzig gültige Zahlungsmittel dar.

Intersputnik, Name der Organisation für gemeinsame Entwicklung und Nutzung von Nachrichtensatelliten im Rahmen des Rates für Gegenseitige Wirtschaftshilfe, die auch Kuba und die Mongolei einschließt.

Intervision, Gemeinschaftsprogramm der Fernsehanstalten der Ostblockländer (unserer „Eurovision" vergleichbar).

Jugendfreund(in), offizielle Anredeform und Bezeichnung für Mitglieder der Jugendorganisation der FDJ. Älteren bleibt natürlich weiter vorbehalten, sich – auch außerhalb des organisatorischen Rahmens – ihrer privaten Jugendfreunde zu erinnern.

Jugendforum, propagandistische öffentliche Jugendveranstaltung, die aktuelle Anlässe in die richtige „Perspektive" stellen soll.

Jugendobjekt, Arbeitsprojekt, das ausschließlich von Jugendlichen geleitet und durchgeführt wird (vgl. **Objekt**).

Jugendweihe, vom Staat durchgeführter und geleiteter (antireligiöser) Ersatz für die Konfirmation.

Jugendwerkhof, Resozialisierungsanstalt für straffällig gewordene Jugendliche.

Junge Talente, Nachwuchs im Rahmen des „künstlerischen Volksschaffens".

Junge Pioniere, vgl. **Pionierorganisation ‚Ernst Thälmann'**.

K

KA, kapitalistisches Ausland

KAP, kooperative Abteilung Pflanzenproduktion

KAT, kooperative Abteilung Tierproduktion

KB, Kulturbund der DDR

KdgH, Kasse der gegenseitigen Hilfe

KDT, Kammer der Technik

KFA, Kreisfachausschuß

KFJ, Kreisfachausschuß für Jugendweihe

KfL, Kreisbetrieb für Landtechnik

KGD, Konzert und Gastspieldirektion

KGL, Kombinationsgewerkschaftsleitung des FDGB

KGW, Komme gleich wieder

KH, Kulturhaus

KIM, Kombinat industrielle Mast

KIZ, Kultur- und Informationszentrum

KK, Konfliktkommission

KKH, Kreiskulturhaus

KOG, Kooperationsgemeinschaft

KOV, Kooperationsverband

KPG, künstlerische Produktionsgenossenschaft

KPKK, Kreisparteikontrollkommission der SED

KRK, Kreisrevisionskommission der SED

KTW, Komitee für Touristik und Wandern

KW, kapitalistisches Wirtschaftsgebiet

KWV, kommunale Wohnungsverwaltung

K - Der Kollege von der K, umgangssprachlich für: Kriminalbeamter.

Kabinett, meist benutzt für Lehr- oder Fortbildungseinrichtungen, Beratungszentren oder Fachunterrichtsräume in Schulen.

Kader, Person (oder Personengruppe), die als Führungskraft der Elite zugehört. Dementsprechend: **Kaderakte, Kaderarbeit, Kaderpolitik** usw.

Kaderwelsch, unverständlicher Funktionärsjargon.

Kamerad, offizielle Anredeform und Bezeichnung für Mitglieder der **Gesellschaft für Sport und Technik**.

Kampfgruppen, paramilitärische Einheiten von Mitarbeitern sozialistischer Betriebe.

Kandidat, Bewerber um die Mitgliedschaft in der SED (Arbeiter haben eine Kandidatenzeit von einem Jahr, alle anderen von zwei Jahren zu absolvieren). Die Bezeichnung wird ebenfalls für die nicht-stimmberechtigten Mitglieder der SED-Parteileitungen verwendet.

Karpatenschreck, spöttisch für einen kleinen LKW.

Kasse der gegenseitigen Hilfe (KdgH), innerbetriebliche Kreditkasse für Werksangehörige.

Kolchose, das russische Wort für eine Produktionsgenossenschaft im Landwirtschaftsbereich (Staatsgüter werden als „Sowchosen" bezeichnet) wird in der Alltagssprache oft abschätzig für eine schludrige Wirtschaft oder generell für eine Ansammlung von Menschen benutzt, der man keine allzu große Sympathie entgegenbringt.

Kollegium, Rechtsanwaltskollektiv. Ein Beitritt zum Kollegium ist Voraussetzung für die Zulassung als Rechtsanwalt.

Kollektiv, sozialistisches Kollektiv, Arbeitsgruppe für unterschiedlichste Aufgaben, als Grundlage der gesellschaftlichen Organisationsformen.

Kombinat, Großbetrieb im industriellen oder landwirtschaftlichen Bereich. Üblich ist die Bezeichnung allerdings auch im Dienstleistungsbereich und sogar im Schulwesen (ein Lehrkombinat ist dementsprechend eine Lehrergruppe für unterschiedliche Aufgaben).

Kombinat industrielle Mast (KIM), Hühnerzuchtbetrieb, als Quell der „Goldbroiler" sehr geschätzt.

Kombine, Bezeichnung für mehrfunktionale Maschinen, vor allem in der Landwirtschaft. (Mähdrescher usw.)

Komme gleich wieder, häufig anzutreffende Information für Kunden vor geschlossenen Läden (offiziöse Abkürzung nach „Eulenspiegel": KGW).

Kommissionshandel, Handelsform, bei der Privatunternehmer gegen Kommission (also eine prozentuale Gewinnbeteiligung) am staatlichen Wirtschaftsleben teilnehmen können. Vor allem im Gaststätten- und Einzelhandelsgewerbe.

Komplex, der Begriff bezeichnet und unterstreicht ein geschlossenes Ganzes bzw. faßt Teile einer Einheit zusammmen. Das gilt auch für Tätigkeiten. Man kann im Komplex arbeiten, oft liest man auch die Gemeinsamkeit beschwörende Formel „Der sozialistische Wettbewerb muß im Komplex geführt werden", was schlicht bedeutet: Alle sollen teilnehmen. In den letzten Jahren haben sich sehr viele Zusammensetzungen herausgebildet, von der Komplexbrigade über den Erntekomplex bis zur Komplexernte und den Bereich der Komplexwirtschaft.

Komplexbrigade, keine besonders gehemmte Arbeitsgruppe, sondern eine solche, die aus Wissenschaftlern, Ingenieuren und Produktionsarbeitern „komplex" zusammengesetzt neue Aufgaben lösen soll.

Konfliktkommissionen, gewählte Laiengerichte, die in Betrieben und gesellschaftlichen Einrichtungen kleinere Verstöße gegen die Rechtsnormen vorgerichtlich klären. Konfliktkommissionen können Geldbußen verhängen oder Wiedergutmachung durch Arbeit anordnen. 1953 ins Leben gerufen existieren heute bereits mehr als 25.000 Konfliktkommissionen. In den Wohngebieten und in Produktionsgenossenschaften werden im gleichen Sinne die Schiedskommissionen tätig (seit 1963). Sie beschäftigen sich vor allem mit Eigentumsdelikten, Beleidigung, Hausfriedensbruch, arbeitsscheuem Verhalten (!) und ähnlichen, eben auch im real existierenden Sozialismus auftretenden Unzulänglichkeiten der menschlichen Natur. Angeschuldigte können sich übrigens vor einer Schiedskommission nicht durch einen Anwalt vertreten lassen.

kooptieren, dieses Wort (eigentlich meint es: hinzuwählen, und wird gelegentlich im wissenschaftlichen Bereich verwendet) hat unter den Studenten der DDR eine völlig neue und überraschende Bedeutung gewonnen. Kooptieren heißt hier: am Strand (oder wo sonst Leute zusammenkommen) die Anwesenden (natürlich vor allem die weiblichen) begutachten und strategische Annäherungspläne schmieden.

Kosmodrom, sowjetisches Raketenstartgelände.

Kosmonaut, Astronaut.

Kreuzelklausur, Studentenjargon für „multiple choice test", was bei uns Medizinstudenten oft als „Multiple Scheiß" bezeichnen.

Kundenbuch, Beschwerdebuch, das in allen Geschäften und Gaststätten ausliegen muß.

Kursant, mitunter auch die veraltete Form **Kursist**: Teilnehmer an einem politischen Schulungskurs.

Kürze, legendäres Konsumentenparadies irgendwo zwischen Rostock und Oberwiesenthal. Bisher noch nicht lokalisiert, aber oft beschworen in der Formel „in Kürze gibts . . .".

Kundschafter, offizielle Bezeichnung für Personen, die beim Klassengegner Informationen sammeln, also: Spione und Agenten. Das Wort wird auch im Technikbereich benutzt (Kundschaftersatellit = Spionagesatellit).

WAS IST EIGENTLICH DER UNTERSCHIED ZWISCHEN ASTRO- UND KOSMONAUT? ROGER....

L

LBK,	Landesbaukombinat
LDPD,	Liberal-Demokratische Partei Deutschlands
LPG,	Landwirtschaftliche Produktionsgenossenschaft
LVG,	Lehr- und Versuchsgut

landesverräterischer Treuebruch, eines der Staatsverbrechen nach Auffassung der DDR-Justiz, wobei zum Komplex des Landesverrates als besondere Erschwerung der Bruch der „Treuepflicht" gegenüber dem Staat hinzukommt. Die Strafe kann bis zur Todesstrafe reichen.

Landbaukombinat (LBK), Großbetrieb im Landwirtschaftsbereich, in dem moderne industrielle Methoden zur Produktion benutzt werden (etwa Mastbetriebe). Entscheidendes Aufbauprinzip ist die Zusammenfassung aller Stufen, von der Erzeugung bis zum Versand.

Landwirtschaftliche Produktionsgenossenschaft (LPG), aus dem „freiwilligen" Zusammenschluß von Bauern resultierende landwirtschaftliche Großbetriebe. Die LPG's wurden seit 1952 unter starkem Druck des Staates gefördert und bilden heute die fast ausschließliche Produktionsform auf dem Lande. Es werden drei Typen unterschieden, die sich nach den von den Mitgliedern eingebrachten Produktionsmitteln definieren lassen (Typ I, Mitglieder haben nur ihr Land eingebracht, Typ II, Mitglieder haben ihr Land und ihre Geräte eingebracht, Typ III, Mitglieder haben alle landwirtschaftlichen Produktionsmittel in die Genossenschaft eingebracht). Den Mitgliedern ist normalerweise die Hauswirtschaft sowie die Bearbeitung eines halben Hektars Land zum Eigengebrauch gestattet.

Lehrjahr, das Wort hat neben der bekannten Bedeutung vor allem als Kurzform für „Parteilehrjahr“ Verbreitung gefunden.

Lehrjahresauftrag, zentrales Programm, in dem (von der FDJ und dem FDGB) von Jahr zu Jahr besondere Ziele für die Lehrlingsausbildung festgelegt werden, sie gelten neben der politischen und fachlichen Qualifikation auch einer Verstärkung der Bindungen an den Betrieb.

Lehr- und Versuchsgut (LVG), landwirtschaftliche Betriebe, die sich neben der Produktion vor allem den Bereichen Forschung und Ausbildung widmen. LVG's sind überwiegend der Akademie der Landwirtschaftswissenschaften der DDR oder den einzelnen Universitäten zugeordnet.

Leistungslohn, mitunter auch „Stücklohn“, leistungsbezogenes Verfahren zur Lohnfestsetzung, das in etwa unserem Akkordlohn entspricht.

Luftarmee, für bestimmte Aufgaben zeitweilig zusammengestellte Verbände der Luftstreitkräfte.

M

M,	Mark der DDR
MAH,	Ministerium für Außenhandel
MdK,	Mitglied des Kreistags
MdV,	Mitglied der Volkskammer
MfAA,	Ministerium für Auswärtige Angelegenheiten
MfB,	Ministerium für Bauwesen
MfG,	Ministerium für Gesundheitswesen
MfHV,	Ministerium für Handel und Versorgung
MfK,	Ministerium für Kultur
MfL,	Ministerium für Leichtindustrie
MfNV (MNV),	Ministerium für Nationale Verteidigung
MfS,	Ministerium für Staatssicherheit
MfV,	Ministerium für Verkehrswesen / Ministerium für Volksbildung
MHF,	Ministerium für Hoch- und Fachschulwesen
MM,	Mustermesse (Leipziger Messe)
MMM,	Messe der Meister von Morgen
MWT,	Ministerium für Wissenschaft und Technik

M, Mark, offizielle Abkürzung für die Währungseinheit der DDR (seit 1968, vorher: Deutsche Mark der Deutschen Notenbank, seit 1964: Mark der Deutschen Notenbank, die Abkürzungen lauteten DM (!) und anschließend MDN).

GANZ DER VATER.......
MMM

MM, Mustermesse, altes Markenzeichen der zweimal im Jahr stattfindenden Leipziger Messe.

MMM, Messe der Meister von Morgen, Leistungsschau auf wirtschaftlichem und didaktischem Gebiet, die alljährlich über die Erfolge der Jugendarbeit in der DDR informiert. MMM wird auf Betriebsebene veranstaltet und findet ihren Höhepunkt in einem alljährlichen Leipziger Vergleich. Die Messe gilt als herausragender Teil der Jugendneuererbewegung.

Mach mit Bewegung, freiwillige Arbeitseinsätze zur Verschönerung des Stadtbildes.

Manifestation, Demonstration.

meckern, das Wort hat in der Alltagssprache der DDR neben der allbekannten eine weitere Bedeutung: das kollektive Meckern hat eine Ersatzfunktion, es tritt ein für die fehlende Lokalzeitung, die Berichterstattung über all die kleinen unwichtigen Dinge, die so große Bedeutung haben können. Konsequenterweise lautet das höchste Lob, das Maßnahmen im persönlichen Bereich, im Bereich der Propaganda oder der Administration gelten kann: „Da kann man ehrlich nicht meckern". Zugegeben, die Formulierung ist selten. Hat aber desto mehr Gewicht.

Meister des Sports, Ehrentitel für verdiente Sportler der DDR.

Memphis, im Jargon nicht die Stadt in Tennessee, sondern das gefürchtete „Ministerium für Staatssicherheit".

Menschenhandel, DDR-Bezeichnung für alle mit der Republikflucht in Zusammenhang zu bringenden Aktivitäten (vor allem Fluchthilfe). „Menschenhandel" wird mit hohen Freiheitsstrafen geahndet.

Menüladen, Einzelhandelsgeschäft, in dem küchenfertige Lebensmittel, Fertigspeisen und Delikatessen verkauft werden.

Ministerrat der DDR, höchstes Exekutivorgan der Staatsgewalt, das der Volkskammer direkt untersteht. Der Ministerrat besteht aus etwa 40 Mitgliedern (darunter alle Minister).

Mitschuringarten, Lehrgarten, der nach den Erkenntnissen des sowjetischen Biologen Mitschurin aufgebaut ist. Zum Preis Mitschurins singen Kinder noch heute das Lied:

„Mitschurin hat festgestellt,
Daß die Butter Gift enthält,
Um das Volk nun zu gesunden,
Ist die Butter ganz verschwunden."

moderne Grenze, offizielle Bezeichnung für die „West"-grenze der DDR mit ihren umfangreichen Sperr- und Sicherungsanlagen.

Murks, oft zu hörender Kurz-Kommentar, der den Leistungen der produzierenden und dienstleistenden Gewerbe gilt. Philosophische Köpfe trösten sich mit der Feststellung:

„Marx ist die Theorie,
Und Murks die Praxis".

N

NAW,	Nationales Aufbauwerk
ND,	„Neues Deutschland“ (Zentralorgan der SED)
NDPD,	National-Demokratische Partei Deutschlands
NF,	Nationale Front
NFG,	Nationale Forschungs- und Gedenkstätten der klassischen deutschen Literatur in Weimar
NPT,	Nationalpreisträger, Nationalpreis
NR,	Nationalrat der Nationalen Front
NSW,	nichtsozialistisches Wirtschaftsgebiet
NVA,	Nationale Volksarmee
NVO,	Neuererverordnung

Namensweihe, weltliches Pendant zur Taufe, bei der Eltern und Paten sich verpflichten, das Kind im Geiste des Sozialismus zu erziehen.

NARVA, Zusammensetzung aus **Nitrogenium + Argon + Vakuum,** Warenzeichen für Glühbirnen aus der DDR.

Nationale Front (NF), „überparteilicher“ Zusammenschluß aller „fortschrittlichen“ Kräfte in der DDR. Natürlich ist die zentrale Aufgabe der NF die Verpflichtung „gemeinsam an der Gestaltung der entwickelten sozialistischen Gesellschaft zu arbeiten“. Dabei übernimmt sie zunehmend Aufgaben, die früher dem „Demokratischen Block“ (also der Aktionsgemeinschaft aller Parteien und Massenorganisationen) zufielen. Geleitet wird die NF vom **Nationalrat der Nationalen Front der DDR** (NR), einem Wahlgremium.

Nationale Volksarmee (NVA), vgl. **Volksarmee.**

Nationalpreis, hohe staatliche Auszeichnung, die in den unterschiedlichsten Bereichen verliehen wird, von der Wissenschaft und Technik bis zur Kunst und Literatur.

Natschalnik, allgemein für „Vorgesetzter".

Neuerer, Beschäftigter in der sozialistischen Wirtschaft, der nach Feierabend weiterdenkt und Verbesserungsvorschläge austüftelt. Natürlich soll keiner abends ganz allein die Träume von Edison (bekannter kapitalistischer Erfinder, u.a. der Glühbirne) weiterspinnen, deshalb denkt man im Team, also im **Neuererkollektiv**, wobei das **Neuereraktiv**, das von der Gewerkschaft eingesetzt wird, die Ziele setzt. Hervorragende Tätigkeit in der **Neuererbewegung**, gar die Mitarbeit in einer **Neuererbrigade**, führt zur Verleihung des **Neuererpasses** (mit Lichtbild, aber ohne Raum für „Sichtvermerke").

Neulehrer, in den fünfziger Jahren Bezeichnung für Pädagogen, die direkt aus der Praxis in die Schule gesprungen waren, um einen neuen Bewußtseinsstand zu schaffen. Beliebt waren die Neulehrer bei der (noch) aufmüpfigen Schülerschaft damals kaum. Zumindest außerhalb ihrer Hörweite sang man so anarchische Verse wie die folgenden, nach der Melodie der **Internationale**:

Brüder, versauft eure Gelder,
Kauft euern Schnaps im Konsum,
Maust euer Holz in de Wälder,
Schlagt eure Neulehrer krumm.

nichtpaktgebunden, neutral (also: blockfrei).

Nomenklatur, Verzeichnis der wichtigen Führungspositionen in Staat, Wirtschaft und Gesellschaft. Als **Nomenklatura** werden (nicht immer liebevoll) die Privilegierten in der DDR bezeichnet, denen besondere Vergünstigungen auf allen Ebenen gewährt werden.

Normativ, Regel und Richtschnur in der Arbeitsnormung, die als wesentliches Moment der Plangestaltung betrachtet wird.

Notizen zum Plan, keineswegs etwa Randbemerkungen, sondern Versuche, unerfaßte Reserven zu mobilisieren.

Nuttenbrosche, Spitzname für den Brunnen auf dem neugestalteten Alexanderplatz.

O

Odl,	Oberdispatcherleitung
OG,	Oberstes Gericht der DDR
OJM,	Olympiade junger Mathematiker der DDR
OS,	Oberschule

Oberlehrer, im Gegensatz zum Sprachgebrauch in der Bundesrepublik, wo „Oberlehrer" eine Dienstrangbezeichnung darstellt, wird die Bezeichnung in der DDR als Ehrentitel an besonders „verdiente" Lehrer verliehen.

Oberliga, höchste Spielklasse im DDR-Fußball (14 Mannschaften).

Oberweltkriminalität, Bezeichnung für das, was wir unter „Wirtschaftskriminalität" oder „white collar crime" verstehen. Nach Ansicht der DDR existiert diese Verbrechensform nur in den kapitalistischen Ländern. (Frage: und wie stehts um die Unterwelt?)

Objekt, neben den bekannten Bedeutungen wird Objekt vor allem benutzt für: Planungs- oder Produktionsvorhaben (bei uns meist: Projekt); für Teile eines Wirtschaftsunternehmens und auch für eine der Öffentlichkeit zugängliche Einrichtung, etwa eine Gaststätte oder ein Ladengeschäft.

Oblomowerei, träges, tatenloses Vorsichhinträumen (wie der Titelheld Oblomow in Gontscharows gleichnamigen Roman).

öffentlicher Tadel, Strafform für geringere Vergehen, die auch ins Strafregister aufgenommen werden kann.

Olympiade junger Mathematiker der DDR (OJM), nationaler Schülerwettbewerb im Bereich der Mathematik. Die Sieger nehmen an der internationalen Ausscheidung teil.

Ordnungsgruppen der FDJ, mit der Volkspolizei eng zusammenarbeitende Einsatzgruppen der FDJ, die vor allem Jugendkriminalität und „Vandalismus" bekämpfen sollen.

organisieren, eine für die Bewohner der DDR lebenswichtige Form des sich durchmogelns. Man „organisiert" sich etwas, indem man es auf dem grauen oder schwarzen Markt besorgt, seine „Beziehungen" spielen läßt oder – wie vor alten Zeiten – zum direkten Austausch von Ware gegen Ware oder Dienstleistung gegen Dienstleistung greift. Daneben hat „organisieren" auch die Bedeutung, sich Dinge (etwa vom Arbeitsplatz) ohne Erlaubnis und Bezahlung nutz- und verfügbar zu machen.

P

PA, produktive (Betriebs-)Arbeit der Schüler im Rahmen des polytechnischen Unterrichts (vgl. **polytechnischer Unterricht**)

PdVP, Präsidium der **Volkspolizei**

PG, Produktionsgenossenschaft

PGH, Produktionsgenossenschaft des Handwerks

PHS, Parteihochschule der **SED**

PKK, pädagogisches Kreiskabinett

PMB, Postmietbehälter

POS, polytechnische Oberschule

PU, polytechnischer Unterricht

PWF, Produktionsgenossenschaft werktätiger Fischer

PWT, Plan Wissenschaft und Technik

Pachttoilette, Kennzeichnung für gebührenpflichtige öffentliche Toiletten.

Partei, obwohl es in der DDR (innerhalb des demokratischen Blocks) mehrere Parteien gibt, wird das Wort **Partei** fast ausschließlich auf die Sozialistische Einheitspartei Deutschlands (SED) bezogen. Das gilt vor allem für Zusammensetzungen wie:
Parteiaktiv (eine Gruppe besonders linientreuer Mitglieder), **Parteiauftrag** (Verpflichtungen von Einzelmitgliedern oder Gruppen zur Durchführung von Beschlüssen des ZK), **Parteidisziplin** (!) oder **Parteischule.**

parteilich meint also, im Sinne der Staatspartei zu argumentieren, Abweichungen werden mit einer

Parteistrafe geahndet. Um eventuell noch möglichen Mißverständnissen aus dem Wege zu gehen, bezeichnet sich die SED als

Partei neuen Typus, ein Begriff, der marxistisch-leninistischen Parteien vorbehalten ist.

Parteidokument, oft auch nur: **Dokument**, Mitgliedsbuch der Mitglieder der SED oder der Kandidaten. (Auch Bezeichnung für Grundsatzprogramme der Partei.)

Perfol, Folie aus Polyamid, die (wie unsere Plastikerzeugnisse) vor allem für Verpackungszwecke benutzt wird, **Perfoltüte, Perfolbeutel** usw.

Perlon-Kaffee, dünner (eben fast durchsichtiger) Kaffee, das Schreckgespenst müder Mitropa-Besucher.

Pionier-, Junger Pionier, Angehöriger der

Pionierorganisation ‚Ernst Thälmann', einzige Kinderorganisation der DDR, die von der FDJ geleitet wird. Die Gründung der Pionierorganisation erfolgte 1948, 1952 erhielt sie den Namen „Ernst Thälmann". Die Jungen Pioniere werden in „Jungpioniere" (Klasse 1–3, 6 bis 8 Jahre) und „Thälmannpioniere" (Klasse 4–7, 9 bis 12 Jahre) eingeteilt. Ziel der Organisation, der fast 99 Prozent aller Kinder angehören, ist die Vorbereitung auf die Mitgliedschaft in der Freien Deutschen Jugend (FDJ), die altersmäßig anschließt. Da die Pionierorganisation Schule, Freizeit und letztlich auch Familie bestimmen möchte, gibt es eine Vielzahl von Verbindungen und Zusammensetzungen, die allerdings überwiegend für sich sprechen. Im folgenden sollen lediglich einige charakteristische Begriffe als Orientierungshilfen skizziert werden.

Pionierauftrag, dem kindlichen Verständnis angepaßte Formulierung der Maximen des jeweils laufenden Verbandsauftrages der FDJ bzw. des Parteiauftrages der SED. Ein Auftrag

—GIBT ES BEI EUCH AUCH ALTE PG's ?
— NEE, NUR NEUE PRODUKTIONSGENOSSENSCHAFTEN....

bedeutet für den einzelnen, die Gruppe oder die gesamte Organisation, sich im laufenden Jahr einen bestimmten politischen Themenbereich besonders intensiv zu erarbeiten.

Pionierbrigade, Gruppe (Team) für die Erfüllung einer bestimmten Lernaufgabe.

Pioniereisenbahn, schmalspurige Eisenbahn, die von den Kindern weitgehend in eigener Regie geleitet wird. Die elf Pioniereisenbahnen in der DDR sollen Interesse am Eisenbahnerberuf wecken und polytechnische Kenntnisse im außerschulischen Bereich vermitteln.

Pionierfreundschaft, Grundorganisation der JP in einer Schule.

Pioniergruß, Angehörige der Kinder- und Jugendorganisation Junge Pioniere oder Thälmannpioniere begrüßen einander mit der Formel:

„Für Frieden und Sozialismus – Seid bereit!"
Antwort: „Immer bereit!"

Pioniermanöver, wehrsportliche Massenübung der Jungen Pioniere.

Pionierrepublik ‚Wilhelm Pieck', Name des ständigen Pionierlagers in den Berliner Randgebieten, in dem sowohl „Weiterbildungsveranstaltungen" für Pionierleiter als auch im Sommer internationale Ferienbegegnungen zwischen den Angehörigen der entsprechenden Jugendorganisationen in den Ländern des Ostblocks durchgeführt werden. Eine „Delegation" in die „Pionierrepublik" wird (zumindest wenn man begeisterter Pionier ist) als hohe Auszeichnung begriffen.

Pioniertuch, zur Uniform der Jungen Pioniere gehöriges Halstuch (heute tragen Jungpioniere ein blaues, Thälmannpioniere ein rotes Halstuch).

Pionöse, spöttisch für Pionierleiterin.

Piviacid, Kunstfaser aus Polivinylchlorid.

Plan, Zauberwort in der DDR, das – in der Grundbedeutung – unserem Verständnis entspricht. Allerdings nicht in der Bedeutung von „Pläne machen", sondern einen vorgegebenen Plan zu erfüllen, besser: **überzuerfüllen**. Der Plan beherrscht das wirtschaftliche und gesellschaftliche Leben in der DDR. Dazu gehört natürlich **Plandisziplin**, auch bei der **Plandiskussion**, und der **Gegenplan** ist nicht etwa eine Form der Opposition, sondern eine freiwillige Verpflichtung, über den vorgegebenen Plan hinaus zu arbeiten. Als **Planvorlauf** wird der zeitliche Vorsprung gegenüber den vorgegebenen Werten bezeichnet, das Gegenteil sind **Planschulden**. Ziel in der Wirtschaft soll es immer sein, den **Plansilvester** (der auf den 31. Dezember zum Abschluß des **Planjahres** fällt) so weit wie möglich in den Herbst vorzuziehen.

Plast (der), Mz. die Plaste, in der DDR Bezeichnung für das, was wir als „Plastik" kennen, also: ein „vollsynthetischer makromolekularer organisch-chemischer Werkstoff mit geringer Dichte und guter Isolierfähigkeit, der wegen seiner Widerstandskraft und Unzerbrechlichkeit vielseitig verwendbar ist". Das Wort bestimmt viele Zusammensetzungen, eben von der „Plasteschüssel" (abfällig für den „Trabbi") über die Plastemasse bis zum Plastefacharbeiter. Man sieht, welche Verständnisschwierigkeiten aus zwei weggelassenen Buchstaben resultieren können.

plazieren, in vielen DDR-Gaststätten wählt nicht der Gast seinen Tisch, sondern ihm wird ein Platz vom Ober zugewiesen. Er wird „plaziert" (vgl. **eingedeckt**).

Poetenseminar, Vortrags- und Diskussionsveranstaltung für Nachwuchsdichter (wird von der FDJ veranstaltet).

polytechnischer Unterricht, im Rahmen des „einheitlichen sozialistischen Bildungssystems" soll der polytechnische Unterricht Schüler systematisch mit Produktionsprozessen vertraut machen. Theoretische und praktische Ausbildung in Schule und Betrieb ergänzen einander. Lernziele sind: „Achtung vor der Arbeit“ und Vermittlung von Grundlagenwissen. Zahlreiche Zusammensetzungen, wie **Polytechnische Oberschule** bzw. **Allgemeinbildende Polytechnische Oberschule** (APOS), **polytechnischer Beirat** usw.

Postmietbehälter (PMB), leihweise (gegen geringe Gebühren) von der Post zur Verfügung gestellte Pappkartons für den postalischen inneren Paketversand. PMB's müssen drei Tage nach Erhalt der Sendung an die Post zurückgegeben werden.

Prämie, Prämien werden für besondere Leistungen im sozialistischen Wettbewerb verliehen und bilden eine wesentliche Form des Einkommens, die im Plan festgelegt ist. In den Einzelbetrieben werden dazu **Prämienfonds** aufgebaut.

Produktionsgenossenschaft (PG), Zusammenschluß von (ins sozialistische Eigentum überführten) kleineren Produktionsstätten, also: Bauern, Handwerkern, Fischern usw. (vgl. **landwirtschaftliche Produktionsgenossenschaft**.)

Propaganda, im Gegensatz zur breitgerichteten **Agitation** wendet die Propaganda sich an ausgewählte Personenkreise, denen in organisierten Veranstaltungen (von der Betriebsschulung bis zum Parteilehrjahr) Grundzüge marxistisch-leninistischen Denkens vermittelt werden. Propaganda ist nach DDR-Verständnis untrennbar mit Agitation verbunden, da sie die Grundlagen und aktuellen Variationen liefert, die zur „umfassenden“ Beurteilung der politischen Situation und der einzuschlagenden Richtung notwendig sind.

Propagandist, keineswegs – wie bei uns – nur Bezeichnung für einen Marktschreier, der neue Produkte vorführt, sondern Titel für Personen, die im offiziellen Auftrag (SED oder Massenorganisation) politische Lehrveranstaltungen leiten. Im Rahmen des „Parteilehrjahres“ und des „Studienjahres der FDJ“ informieren Propagandisten über Grundsätze aktueller Tagespolitik und tragen zur Verbreitung und Intensivierung marxistisch-leninistischen Wissens bei.

Q

Q, wie „Qualität“, höchstes Gütezeichen für Erzeugnisse, die in der DDR hergestellt werden.

Mit Q wie Qualität werden in der DDR Erzeugnisse aus eigener Produktion ausgezeichnet, die den Anforderungen der Benutzer besonders gut entsprechen sollen. Seit etwa zehn Jahren ist neben das „Q“ die „1“ als Gütezeichen getreten. Bestrebungen, den allgemeinen Qualitätsstandard der Waren zu heben, spiegeln sich in Formulierungen wie „Kampf um das Gütezeichen Q“. Das erfordert natürlich ein hohes

Qualifikationsniveau, schlicht: einen besonders guten Ausbildungsstand.

Qualitätsarbeiter, ist dann der auszeichnende Titel für Arbeiter, die sich besonders intensiv für die Hebung der Produktionsqualität eingesetzt haben.

Qualitätswettbewerbe, die früher allgemein für Wettbewerbe zur Steigerung der Warengüte benutzte Vokabel meint heute eher besondere Formen des Wettbewerbs im Rahmen der sozialistischen Wettbewerbe. (Man kämpf nicht um das, was man meint, schon erreicht zu haben!) Vgl. **Weltniveau.**

– UND DANN HABE ICH MICH ALS EHEMANN QUALIFIZIERT....

R

RAW,	Reichsbahnausbesserungswerk
Rb,	Reichsbahn
Rba,	Reichsbahnamt
RBD,	Reichsbahndirektion
RBI,	Radio Berlin International (Auslandsrundfunk der DDR)
R.d.B.,	Rat des Bezirks
R.d.K.,	Rat des Kreises
RFT,	VEB für Rundfunk und Fernmeldetechnik
RGW,	Rat für Gegenseitige Wirtschaftshilfe (Comecon)
RVG,	rauhfutterverzehrende Großvieheinheit
RKV,	Rahmenkollektivvertrag

Rat, wenn das Wort Rat auch in der DDR noch gelegentlich Teil einer Berufsbezeichnung ist (Oberstudienrat, wissenschaftlicher Rat), so meint es doch in erster Linie ein Vollzugs- und Verfügungsorgan der jeweiligen gewählten Gremien, also: **Rat der Gemeinde, Rat der Stadt** usw.

Rat für **Gegenseitige Wirtschaftshilfe** (RGW), 1949 in Moskau gegründete Vereinigung zur gegenseitigen wirtschaftlichen, technischen und wissenschaftlichen Zusammenarbeit zwischen den Ländern des Ostblocks, der die DDR seit 1950 angehört. Bei uns ist der **Rat . . .** unter der Bezeichnung COMECON bekannt (nach der mit den gleichlautenden Initialien beginnenden Übersetzung ins Englische oder Französische – Council of Mutual Economic Aid/Assistance – Conseil d'Assistance Mutuelle Economique).

Rapportsystem, Lenkungsform in der Wirtschaft, bei der von unten nach oben in kurzer Reihenfolge detaillierte Berichte geliefert werden müssen.

rauhfutterverzehrende Großvieheinheit (RGV), Kuh.

Regan, Kunstwort für eine in der DDR erzeugte Kunstfaser aus regenerierter Zellulose (in der Bundesrepublik als Reyon oder Acetatseide bekannt).

Regelleistung, normierte Arbeitseinheit im Handwerksbereich, die auch als Berechnungsgrundlage für erbrachte Dienstleistungen gilt.

Reisekader, Angestellter oder Funktionär eines Betriebes oder einer Organisation, der die Erlaubnis besitzt, Dienstreisen in westliche Länder durchzuführen.

Reisescheck, neben der bekannten Bedeutung wird auch ein „Berechtigungsschein für eine Ferienreise" (bei den Reiseunternehmen der DDR käuflich zu erwerben) als Reisescheck bezeichnet.

Rekonstruktionsarbeiten, schlicht: Bauarbeiten bzw. Wiederinstandsetzungsarbeiten. Das Schild „Rekonstruktionsarbeiten" kann Autofahrer auf der Transitstrecke mitunter zu der ängstlichen Überlegung führen, ob die Straße wirklich in den alten Zustand gebracht werden sollte.

Reservistenkollektiv, Organisationsform aller Reservisten in der DDR, die regelmäßig Übungen und Nachwuchswerbung durchführen.

Revolution, revolutionär, sind Begriffe, die in der DDR ausschließlich auf Konzepte bezogen werden, deren Ziel die Durchsetzung der marxistisch-theoretischen Weltanschauung ist. Beide Worte werden intensiv benutzt, wenn versucht wird, die fortschrittlichen Seiten der DDR und der sozialistischen Länder zu zeigen.

Roter Oktober, feierlich-pathetische Umschreibung für die russische Oktoberrevolution von 1917 (die offizielle Bezeichnung lautet: „Große Sozialistische Oktoberrevolution").

Rote Socke, spöttisch für Funktionär.

roter Treff, mehr oder weniger zwanglose Diskussionstreffen in Betrieben, Schulen oder anderen gesellschaftlichen Einrichtungen, in denen aktuelle politische und ökonomische Probleme abgehandelt werden.

S

SAG,	sozialistische Arbeitsgemeinschaft (in den Jahren bis 1950 bzw. 1954 Sowjetische, bzw. staatliche Aktiengesellschaft)
SED,	Sozialistische Einheitspartei Deutschlands
SG,	Sportgemeinschaft
SL,	sozialistische Länder
SPK,	Staatliche Plankommission
SSD,	Staatssicherheitsdienst
SSG,	Schulsportgemeinschaft
StPB,	ständige Produktionsberatung
SV,	Sozialversicherung
SVK,	Sozialversicherungsklasse

Sachsentöter, makabrer Spitzname für den in Deutschland weit verbreiteten giftigen Panther-Pilz, der zwischen Elbe und Oder allerdings nicht nur Sachsen aufs Krankenlager zwingt.

Saisonkrippe, Kleinkinderstation, die (etwa in der Landwirtschaft) lediglich während der Saat- und Erntearbeiten unterhalten wird.

Schallplattenunterhalter, Diskjockey (vgl. auch: **Diskosprecher**).

Schiedskommission, gewähltes Laiengericht (vgl. **Konfliktkommission**).
Schiedskommission wird ebenfalls im uns geläufigen Sinne für die Spruchabteilung des Staatlichen Vertragsgerichts be-

nutzt, das Streitigkeiten, die aus geschlossenen Wirtschaftsverträgen resultieren, entscheidet (Schiedsverfahren).

Schule der sozialistischen Arbeit, gewerkschaftliche Bildungseinrichtung in Betrieben, die sich insbesondere um die politische Schulung sowie die wirtschaftliche und kulturelle Weiterbildung der „Werktätigen" bemüht.

Schülertagebuch, jeder Schüler in der DDR muß ein Schülertagebuch führen, in dem nicht nur Lob und Anerkennung, sondern eben auch Tadel und Kritik vermerkt werden. Das Schülertagebuch, das die Eltern regelmäßig gegenzeichnen müssen, wird oft Ausgangspunkt unerquicklicher Familienszenen (man erinnere sich: Der berüchtigte Blaue Brief!).

„Schwerter zu Pflugscharen", Motto der kirchlichen Friedensbewegung der DDR. Das Emblem der Bewegung zeigt das von der Sowjetunion für die UNO in New York gestiftete Denkmal, das einen herkulischen Schmied zeigt, der – nach den Worten des biblischen Propheten Micha – ein Schwert in einen Pflug umschmiedet.

Sektion, fachliche Organisationseinheit an den Hochschulen der DDR (etwa vergleichbar mit unseren Fachbereichen).

Sekundärrohstoff, Bezeichnung für Rohstoffe, die aus Abfall-, Alt- oder Nebenprodukten gewonnen werden. Vom Altmetall über das Altpapier bis zum Altglas – „Recycling".

Selbstverpflichtung, freiwillige Verpflichtung, in Produktion oder Schule eine bestimmte (zusätzliche) Aufgabe zu übernehmen. Wichtig ist dabei vor allem die Einhaltung des angegebenen Termins.

Singebewegung, Kinder- und Jugendbewegung zur Pflege des „fortschrittlichen politischen Liedes". Organisationsformen sind **Singeklubs** in Schulen, Betrieben, Universitäten und in der Nationalen Volksarmee. Singeklubs werden vor allem in der aktuellen politischen Agitation eingesetzt.

Sichtagitation, politische Plakatwerbung.

Soll, Bezeichnung für zu erbringende Leistungen oder Abgaben (nicht unbedingt wie bei Gustav Freytag in der Verbindung „Soll und Haben" zu sehen).

Soli-Beitrag, monatliche Spende für die betriebliche Solidaritätskasse (des Nationalen Solidaritätsfonds, der vor allem „den Kampf der internationalen Arbeiterklasse" in der Dritten Welt unterstützen soll). Für „Soli" wird so mancher **Subbotnik** gefahren.

sozialistisch, Adjektiv, das vielen bekannten Begriffen im Sprachschatz der DDR eine neue Bedeutung vermittelt. Im Kern beinhaltet das Wort immer die Verpflichtung, alles für das Erreichen des Sozialismus, als Zwischenstufe auf dem Wege zum Kommunismus, zu unternehmen. Klar, daß dann z.B. eine **sozialistische Arbeitsmoral** etwas ganz anderes ist, als etwa reines Pflichtbewußtsein.

sozialistisches Eigentum, Volkseigentum (also nicht mehr in „Privatbesitz").

Sparkaufbrief, scheckähnliches Zahlungsmittel, bei dem nicht ausgegebene Beträge verzinst werden.

Spartakiade, Sportwettkämpfe (die Bezeichnung geht auf eine alte Tradition der kommunistischen Arbeitersportler vor 1933 zurück).

Sperrbrecher, offizielle Bezeichnung für DDR-Bürger, die über die Mauer in den Westen gelangen.

spezitex, Qualitätsauszeichnung für Textilien (vgl. **Q**).

Sportgemeinschaft (SG), unseren Sportvereinen vergleichbare regionale Organisationsformen des Deutschen Turn- und Sportbundes (DTSB) der DDR. Als Basisorganisationen sind die SG's überwiegend an Betriebe (Betriebssportgemeinschaft, BSG), Universitäten (Hochschul-Sportgemeinschaft, HSG) sowie an Polizei und Militär (Armeesportgemeinschaft, ASG) usw. angebunden.

der Spitzbart, wurde Walter Ulbricht genannt, der – obwohl er heute weitgehend als „Unperson" gilt – wegen seiner zahlreichen unpopulären Maßnahmen noch immer in guter (schlechter) Erinnerung ist.

St. **Walter**, spöttische Bezeichnung für den Fernsehturm in Berlin-Ost, in dessen kugelförmiger Spitze die Sonne ein unverkennbares Kreuz zeichnet (deshalb auch: **Rache des Papstes**). Ebenfalls nach dem Erbauer aber wesentlich ordinärer ist die mitunter zu hörende Bezeichnung **Walters Protzkeule**, klar, daß Walter Ulbricht gemeint ist.

Staatssicherheitsdienst (SSD), Gesamtbezeichnung für alle Organisationen und Dienststellen, die über die Einhaltung des „richtigen Weges zum Sozialismus" wachen und Abweichungen rigoros verfolgen. (Aufgabenbereiche: Inlandsaufklärung, „Kundschaftertätigkeit im kapitalistischen Staatensystem" und Überwachung von Meinungsäußerungen; vgl. Tschekist).

Stasi, Kurzform für Staatssicherheitsdienst.

Standard, Norm.

Standardisierung, Normung.

auf der Strecke arbeiten, eine wissenschaftliche Perspektivplanung durchführen.

Stoßbrigade, Arbeitsgruppe mit besonderer Einsatzbereitschaft zur Lösung komplizierter Aufgaben.

Straße der Besten, öffentliche Schauwände, auf denen **Bestarbeiter**, hervorragende Schüler, Studenten usw. in Bild und Wort vorgestellt werden.

Subbotnik, in der arbeitsfreien Zeit, vor allem am Samstag (russ. **subbota** – Samstag) abzuleistende freiwillige Arbeitseinsätze. Subbotniks werden sowohl zur Bewältigung vorrangiger lokaler Wirtschaftsprobleme als auch zur Unterstreichung der Bedeutung politischer Ereignisse auf DDR-Ebene veranstaltet.

T

TAN, technisch begründete Arbeitsnorm

TGL, Technische Normen, Gütevorschriften und Lieferbedingungen (vgl. Standard)

TKO, Technische Kontrollorganisation

TN, Tagesnorm (auch: Tagesarbeitsnorm)

TÖK, technisch-ökonomische Kennziffer

TÖZ, technisch-ökonomische Zielstellung

TOM, technisch-organisatorische Maßnahmen

TWK, technisch-wirtschaftliche Kennziffer

Tag der . . ., von den 365 Tagen des Jahres ist in der DDR eine Vielzahl dem Gedenken an historische Ereignisse oder der Feier bestimmter Personenkreise gewidmet. Am bekanntesten dürften sein:
Tag der Nationalen Volksarmee (1. März)
Internationaler Frauentag (8. März)
Tag der Jugendbrigaden (27. Mai)
Internationaler Tag des Kindes (1. Juni)
Tag des Eisenbahners (9. Juni)
Tag des Lehrers (12. Juni – kurz vor den Ferien!)
Tag der Volkspolizei (1. Juli)
Tag des Bergmanns (2. Juli)
Weniger pathetisch wird der **Tag der Bereitschaft** begangen. Da gilt es nämlich, sich gemeinsam auf eine neue Arbeit vorzubereiten.

Tag der Befreiung, Gedenktag an den 8. Mai 1945 (Kapitulation der Wehrmacht und Ende des III. Reiches). Der Tag der Befreiung wurde bis 1967 als offizieller Feiertag begangen.

Tagesnorm, Tagesarbeitsnorm (TN), Richtwert für Arbeiten im landwirtschaftlichen Bereich.

technisch begründete Arbeitsnorm (TAN), Lohngrundlage auf der Basis optimaler Produktionsverfahren.

technisch-organisatorische Maßnahmen (TOM), in etwa: innerbetriebliche Rationalisierung ohne Aufwand zusätzlicher Mittel.

Telespargel, Spitzname für den Ostberliner Fernsehturm (vgl. auch **St. Walter, Rache des Papstes** usw.).

Termintreue, pathetisch für: pünktliche Planerfüllung.

Tierproduktion, Viehzucht bzw. Viehwirtschaft.

Timurtrupp, Gruppe „Junger Pioniere“, die in ihrer Freizeit „gesellschaftlich nützliche Arbeit“ verrichtet, von der Altenbetreuung bis zur Nachbarschaftshilfe. Vorbild sind die Helden des russischen Romans von Arkadi P. Guidar „Timur und sein Trupp“, die eben hier als besonders aktiv dargestellt wurden.

Totalvision, von der DEFA entwickeltes Verfahren zur Aufnahme und Wiedergabe von Spielfilmen, das unserem Cinemascope-Verfahren entspricht.

Trabbi, liebevolle Bezeichnung für den Kleinwagen „Trabant“ aus DDR-Produktion, meistens in der stolzen Form **unser Trabbi**. Nichtbesitzer haben eine reiche Palette von Spottbezeichnungen geprägt, von der **Asphaltblase** bis zur **Plasteschüssel**, natürlich auch dem **Plastepanzer** (womit automatisch ein Kommentar zum Fahrstil des Besitzers gegeben ist).

Tränenpavillon, Teil des Bahnhof Friedrichstraße, in dem Ostberliner von ihren West-Besuchen Abschied nehmen müssen.

TRABBIS
RUH

Truppe, abgesehen vom militärischen Bereich hat sich das Wort auch in der Produktion und im Bereich der gesellschaftlichen Organisationen durchgesetzt, eine Brigade (ein Team) oder eine Gruppe zusammenarbeitender Studenten wird ihr Zusammengehörigkeitsgefühl oft mit dem markanten Satz umreißen: „Wir sind jetzt eine Truppe".

Tschekist der **DDR**, ehrenvolle Bezeichnung für einen Mitarbeiter des Staatssicherheitsdienstes. (Das Wort geht auf die **Tscheka** zurück, die berüchtigte Geheimpolizei Stalins in den ersten Jahren nach der Revolution von 1917.)

U

UTP, Unterrichtstag in der sozialistischen Produktion

übererfüllen, über den Plan hinaus Leistungen erbringen. Trotz des inflatorischen Gebrauchs dieses Wortes in der Presse der DDR, werden die Folgen der Planübererfüllung nur selten sichtbar. Begriffe dafür sind aber vorhanden, etwa: **Überplanbestand,** wobei es sich meist um Produkte handelt, die am Bedarf vorbei hergestellt werden, und den angestrebten **Überplangewinn,** also die durch Übererfüllung des Plans zu erwirtschaftenden Zusatzgewinne für Einzelbetriebe.

Ulbrichtshausen, Regierungssitz Wandlitz (Vorort nördlich von Berlin), nach Ulbrichts Tod inoffiziell in **Volvograd** umbenannt.

Unionsfreund, Anredeform und Bezeichnung für Mitglieder der Christlich-Demokratischen Union Deutschlands (CDU der DDR). Unmittelbar nach dem Kriege war diese Anredeform auch in den Westzonen verbreitet, sie wurde durch „Parteifreund" und „CDU-Mitglied" ersetzt und ist heute weitgehend vergessen.

Unterrichtstag in der sozialistischen Produktion (UTP), im Rahmen des „polytechnischen Unterrichts" in Betrieben durchgeführte berufsvorbereitende Arbeiten, die möglichst im Produktionsbereich stattfinden sollen.

Urlaubsscheck, vgl. Ferienscheck des FDGB.

Urlaubsvereinbarung, innerbetriebliche Übereinkunft zur Gewährung von zusätzlichem Urlaub an Mitarbeiter, die entweder politisch besonders aktiv oder an ihrem Arbeitsplatz unter besonderen Belastungen stehen.

V

VAN, vorläufige Arbeitsnorm

VBE, Vollbeschäftigteneinheit

VBK-DDR, Verband Bildender Künstler der DDR

VdgB, Vereinigung der gegenseitigen Bauernhilfe

VDJ, Verband der Journalisten der DDR

VDK, Verband Deutscher Konsumgenossenschaften

VDR, Volksdemokratische Republik

VEAB, Volkseigener Erfassungs- und Ankaufbetrieb landwirtschaftlicher Erzeugnisse

VEB, volkseigener Betrieb

VEG, volkseigenes Gut

VEH, volkseigener Handel oder Handelsbetrieb

VEK, volkseigenes Kombinat / volkseigenes Kontor

VEP, Verkaufseinzelhandels- oder Verbraucherendpreis

VEW, volkseigene Wirtschaft

VHZ, Volkseigene Handelszentrale

VK, Volkskammer

Vk, Volkskorrespondent

VKA, Volkskontrollausschuß

VM, Valutamark

VMI, Volkswirtschaftliche Massenintiative

VOB, Vereinigung organisationseigener Betriebe

VP, Volkspolizei

VPKA, Volkspolizeikreisamt

VR, Volksrepublik

VS, Volkssolidarität

VSA, Verkehrssicherheitsaktiv

VVB, Vereinigung volkseigener Betriebe

VVG, Verwaltung volkseigener Güter

VVH, Vereinigung volkseigener Handelsbetriebe

VWE, Vergleichswohnungseinheit

VWR, Verwaltung der Wirtschaftsbetriebe der Regierung der DDR

Valuta . . ., in Zusammensetzung gleichbedeutend mit Devisen.

Valutafonds, Gesamtheit der Devisen für den internationalen Zahlungsverkehr der DDR.

Valutamark (VM), Verrechnungseinheit für den internationalen Zahlungsverkehr der DDR, da die „Mark der DDR" international nicht gehandelt wird.

Valutamonopol, entsprechend dem Devisengesetz der DDR von 1956 ist der Staat allein zur Durchführung von Handelsbeziehungen mit dem Ausland berechtigt. Das Valutamonopol ermöglicht dabei eine zentrale Kontrolle der verfügbaren Mittel sowie deren gelenkten Einsatz.

das **Väterchen**, Väterchen Stalin, ursprünglich lobend anerkennende Bezeichnung, die sich nach Stalins Tod bald ins Gegenteil verkehrte.

Vaterländischer Verdienstorden, Auszeichnung für besondere Leistungen in Politik, Wirtschaft, Wissenschaft und Kultur. Der Orden wird in drei Stufen (Bronze, Silber, Gold) an Individuen und Kollektive verliehen.

Verdienter . . ., Teil vieler Ehrentitel für besondere Leistungen, die alljährlich (meist mit einer Geldprämie zwischen 3.000 und 10.000 Mark verbunden) in der DDR verliehen werden. Klar, daß der Titel „Verdienter Eisenbahner" (DM 5.000) am „Tag des Eisenbahners" (9. Juni) verliehen wird. Und das das Jahr ja viele Tage hat . . .

Verdienter Aktivist
Verdienter Arzt des Volkes
Verdienter Bergmann der DDR
Verdienter Erfinder
Verdienter Lehrer des Volkes
Verdienter Meister
Verdienter Meister des Sports
Verdienter Seemann
Verdienter Techniker des Volkes
Verdienter Volkspolizist der DDR

Man beachte die Feinheiten bei der Zusammensetzung der Ehrentitel, eine Einschätzung der Berufsgruppen soll damit aber nicht gegeben werden!

Vereinigung der gegenseitigen Bauernhilfe (VdgB), diese Organisation spielte eine wichtige Rolle bei der Kollektivierung der Landwirtschaft. Heut nimmt sie vor allem Aufgaben im Bereich Produktionserleichterung sowie in der Kultur- und Fortbildungsarbeit wahr.

Vertragsheim, Ferienheim, das mit einem Betrieb vertraglich gebunden ist.

Veteran der Arbeit, pathetisch für Rentner (im Sprachgebrauch der Bundesrepublik beachte man den ähnlich feinen Unterschied zwischen „Rentnern" und „Senioren").

Vitaminbasar, offizielle Bezeichnung für Obstläden und Obststände.

Volksarmee, Kurzform für „Nationale Volksarmee" (NVA), Bezeichnung für die Land-, Luft- und Seestreitkräfte der

MAN DARF ALLES ABER NIEMAND IN DIE PFANNE HAUEN ... DAS IST DAS REZEPT!
VERDIENTER KOCH

DDR (gegründet am 1. März 1956 als Nachfolge der „Kasernierten Volkspolizei"). Zahlreiche Zusammensetzungen wie NVA-Angehöriger, NVA-Einheit usw. In der DDR-Kinderzeitschrift „Bommie" war unlängst folgender Abzählreim für die Kleinen zu lesen:

„Sonne, Regen, Hagel, Schnee,
Wann gehst Du zur Volksarmee?
Sonne, Regen, Hagel, Wind,
Wenn du groß bist, liebes Kind!"

volkseigen, Synonym für „staatlich". Grundlegende Struktur der Wirtschaft in der DDR. In zahlreichen Verbindungen: **volkseigene Industrie** (ca. 96% der Warenproduktion, die fast 99% aller Werktätigen beschäftigt.
volkseigener Betrieb (VEB), usw.

Volksmarine (VM), Seestreitkräfte der DDR (Bezeichnung seit 1960).

Volkskammer (VK), Abgeordnetenkammer mit 500 auf fünf Jahre gewählten Vertretern aus Parteien und Massenorganisationen der DDR. Als „höchstes staatliches Machtorgan" der DDR ist die VK gleichzeitig verfassungs- und gesetzgebendes Organ. Ihr obliegt u.a. die Wahl des Vorsitzenden und der Mitglieder des Staatsrates und des Ministerrates. (Im Gegensatz zum Prinzip der Gewaltenteilung – so hat der Bundestag in der Bundesrepublik Deutschland nur gesetzgeberische Aufgaben – gilt für die Volkskammer das Prinzip der Gewalteneinheit, d.h. Beschlußfassung und Durchführung beschlossener Gesetze liegen in einer Hand.)

Volkskorrespondent (VK), ehrenamtlicher journalistischer Mitarbeiter(in) bei den Medien Tageszeitung, Rundfunk, Fernsehen. VK's prägten die sowjetische Presse und die KP-Presse zur Zeit der Weimarer Republik.

Volkssolidarität (VS), soziale Hilfsorganisation, die sich auf die Betreuung älterer Menschen konzentriert.

Volkswirtschaftliche Masseninitiative (VMI), wie früher im NAW (Nationales Aufbauwerk) werden heute im Rahmen der VMI Bürger zu freiwilligen Leistungen (etwa der Rekonstruktion von Gärten oder Parkanlagen, der Renovierung von Bauten usw.) aktiviert. Notwendige Geräte zu diesen Arbeiten sind in den **VMI-Zentren**, also Ausleihstationen, verfügbar.

Vollbeschäftigteneinheit (VBE), statistische Größe zur Erfassung des Arbeitskräftepotentials in der volkseigenen Wirtschaft.

Vopo, umgangssprachlich (oft ironisch-abwertend) für Volkspolizist.

Vylan, in der DDR hergestellte Chemiefaser mit „antirheumatischen“ Eigenschaften.

W

WAO, wissenschaftliche Arbeitsorganisation

WB, Wohnbezirk

WBA, Wohnbezirksausschuß der NF

WBK, Wohnungsbaukombinat / Wehrbezirkskommando

WBO, Wohnbezirksorganisation

WIB, Wissenschaftlicher Industriebetrieb

WKK (WKKdo.), Wehrkreiskommando

WLVO, Wohnraumlenkungsverordnung

WÖZ, wissenschaftlich-ökonomisches Zentrum

WPO, Wohngebietsparteiorganisation

WtB, Waren des täglichen Bedarfs

WTR, Wissenschaftlich-technische Revolution

WTZ, wissenschaftlich-technisches Zentrum / wissenschaftlich-technische Zusammenarbeit

Wanderfahne, Auszeichnung im Wettbewerb, die als sichtbares Zeichen auf betrieblicher oder staatlicher Ebene verliehen wird.

Waren des täglichen Bedarfs (WtB), Konsumgüter.

Wartekollektiv, sozialistisches, spöttische Bezeichnung für Schlangen vor Geschäften (die DDR-Zeitschrift „Eulenspiegel“ schlug dafür die Abkürzung SWG vor, Sozialistische Wartegemeinschaft).

Waschstützpunkt, kommunaler oder betrieblicher Waschsalon.

Weisheitszahn, liebevoll-spöttische Bezeichnung für die Leipziger Universität.

Wehrspartakiade, wehrsportliche Wettkämpfe unter Leitung des GST in Schulen, Betrieben usw.

Wehrsport, paramilitärische Vorbereitung von Kindern und Jugendlichen auf den Dienst in der NVA.

Weltbettspiele, je nach Art der Unterkunft mitunter auch **Feldbettspiele**, eine unter Jugendlichen weit verbreitete Bezeichnung für die „Weltfestspiele", aus der eindeutig die Dominanz von Thema Eins auch in hochpolitischen Treffen hervorgeht.

Weltniveau, oft zu hörender stolzer Anspruch, wenn unterstrichen werden soll, daß Angebote, Produkte oder Dienstleistungen in der DDR sich durchaus mit ihren Entsprechungen im westlichen Ausland messen können.

Werktätiger, Arbeitnehmer (beachte aber die unterschiedliche Bedeutung in Verbindungen wie „**Arbeiter- und Bauern-**").

West-, natürlich meint Westen oder in Zusammensetzungen West- mehr als die Himmelsrichtung (die dem Osten gegenüberliegt). West- verleiht vielen Begriffen eine ganz neue Qualität (aber eben nicht das Zeichen „**Q**"). Vom Westfernsehen bis zur Westmusik, vom Westgeld bis zum Auto aus dem Westen. Tausende von Worten bezeugen hier, daß die Behauptung, man habe das **Weltniveau** erreicht, wenn nicht sogar überschritten, bei vielen Konsumenten auf erhebliche Zweifel stößt.

Wirtschaftspaket, Paketsendung von nicht-privatem Auftraggeber.

Wissenschaftswissenschaft, Bezeichnung für interdisziplinäre Ansätze zur Erforschung von Wissenschaftsgeschichte, Methodik usw.

Woche des Buches, jährlicher Höhepunkt der Literaturpropaganda in der DDR (die Woche des Buches wird im Mai veranstaltet). Regional und zentral sollen Autoren und Leser zusammengeführt werden.

Wochenkrippe, Heim für Kinder berufstätiger Mütter, in denen die Betreuung an allen Werktagen durchgehend erfolgt. Die Kinder werden nur zum Wochenende nach Haus geholt.

Wohnkomplex, keineswegs ein Komplex, der durch die Wohnung ausgelöst wurde, sondern Neuprägung für „zusammengehöriges Wohngebiet". Vgl. **Komplex**.

wissenschaftlich-technische Revolution (WTR), Schlagwort für den Veränderungsprozeß der modernen Gesellschaft, wobei dieser Prozeß nach Auffassung der DDR-Agitatoren den Westen zur Reaktion, den Osten aber in die bessere Zukunft führt.

Z

ZBE, zwischenbetriebliche Einrichtung

ZDV, Zentrale Dispatcherverwaltung

ZEB, Zentrales Einkaufsbüro

ZFA, Zentrales Forschungsinstitut für Arbeit

ZGB, Zivilgesetzbuch

ZGE, zwischengenossenschaftliche Einrichtung

ZK, Zentralkomitee der SED

ZPKK, Zentrale Parteikontrollkommission der SED

ZR, Zentralrat der FDJ

ZRK, Zentrale Revisionskommission der SED

ZSGL, zentrale Schulgruppenleitung der FDJ

ZSW, Zentralinstitut für Sozialistische Wirtschaftsführung

ZV, Zivilverteidigung

ZWK, Zentrales Warenkontor

Zeitkino, Bahnhofskinos, die in einstündigem Turnus ein Programm vorstellen (entspricht unseren „Non-Stop-“ oder „Aktualitätenkinos“).

Zentral-, im zentralistischen System der DDR kommt dem Wort eine besondere Bedeutung zu. Zentral bezeichnet entweder oberste Führungsgremien (Zentralkomitee, Zentralrat usw.) oder Lenkungsorganisationen im Bereich der Wirtschaft (zentrales Warenkontor). Das dahinterstehende Prinzip gilt als „demokratischer Zentralismus“. Zahlreiche Begriffe sind hier zu finden:

Zentralbild, Fotoagentur des Allgemeinen deutschen Nachrichtendienstes.

Zentralkomitee der Sozialistischen Einheitspartei Deutschlands (ZK der SED), höchstes Leitungsgremium der SED, das, alle fünf Jahre gewählt, die Partei führt und die Beschlüsse überprüft.

Zentralorgan, führende Parteizeitung.

Zentralrat der Freien Deutschen Jugend (ZR der FDJ), in vierjährigem Turnus gewählte Leitung der FDJ.

zentrale Organe der Staatsmacht, Bezeichnung für Institutionen oder Beauftragte des Staates, deren Zuständigkeit für den gesamten Berich der DDR gilt (etwa: **Volkskammer**, **Staatsrat**, **Ministerrat**, **Staatliche Plankommission** usw.). Gegenüber diesen zentralen Organen besitzen die „örtlichen Organe der Staatsmacht“ im „zentralgeleiteten“ System nur geringe Einflußmöglichkeiten.

Zentrales Warenkontor (ZWK), vor allem im Konsumgüterbereich sollen die ZWK's, dem Ministerium für Handel und Versorgung unterstellt, eine Ausgeglichenheit zwischen Bedarf und Angebot sichern. Ihnen obliegt die Leitung der unterstellten Großhandelsbetriebe, die Festlegung der **Plankennziffern** und die Kontrolle ihrer Erfüllung.

Zirkel, das Wort wird in einer bei uns unbekannten Bedeutung benutzt für eine Personengruppe, die gemeinsam lernt oder arbeitet. Vom Zirkel schreibender Arbeiter bis zum Zirkel junger Sozialisten. Dementsprechende Neuprägungen sind: **Zirkelarbeit**, **Zirkelleiter**, **Schulungszirkel** usw.

Zickenwiese, spöttische Bezeichnung für das „Walter-Ulbricht-Stadion, von der charakteristischen Barttracht des Namenspatrons abgeleitet.

Zivilverteidigung (ZV), Katastrophenschutz und Territorialverteidigung auf allen Ebenen, vom Betrieb über den Kreis bis zum Bezirk. (Aufgaben der ZV erfüllen in der Bundesrepublik Technisches Hilfswerk sowie u.U. Bundesgrenzschutz und Bundeswehr).

zwischenbetriebliche Einrichtung (ZBE), vor allem in der Landwirtschaft übliche Zusammenschlüsse verschiedener Betriebe, die auf ein bestimmtes Produkt orientiert die Industrialisierung der landwirtschaftlichen Produktion vorantreiben sollen.

Zootechnik, nicht etwa eine Spezialtechnik zur Erhaltung der Zoologischen Gärten („Tierpark“) sondern übergreifende Bezeichnung für alle Methoden der (Nutz-)Tierhaltung und Zucht. Zootechniker werden vor allem in den landwirtschaftlichen Produktionsgenossenschaften eingesetzt.

Literatur

Durchgesehen wurden die letzten Jahrgänge einiger Zeitschriften aus der DDR (der **Eulenspiegel**, das **Magazin**) sowie aktuelle Buchveröffentlichungen. Daneben seien vor allem folgende Hilfsmittel bei der Zusammenstellung erwähnt:

Der Große Duden. Wörterbuch und Leitfaden der deutschen Rechtschreibung, Leipzig 1957 und 1975.

Der Große Duden. Rechtschreibung der deutschen Sprache und der Fremdwörter, Mannheim 1958 und 1973.

Heberth, Alfred, **Neue Wörter. Neologismen in der deutschen Sprache seit 1945**, Wien (Verband der wissenschaftlichen Gesellschaften Österreichs) 1977.

Hellmann, Manfred W. (Hrsg.), **Bibliografie zum öffentlichen Sprachgebrauch in der Bundesrepublik Deutschland und der DDR**, Düsseldorf 1976.

Kinne, Michael/Birgit Strube-Edelmann, **Kleines Wörterbuch des DDR-Wortschatzes**, Düsseldorf 1980.

Kulturpolitisches Wörterbuch, hrsg. von Manfred Berger u.a., 2. Aufl., Berlin 1978.

Reich, Hans H., **Sprache und Politik. Untersuchungen zu Wortschatz und Wortwahl des offiziellen Sprachgebrauchs in der DDR** (= Münchener Germanistische Beiträge, Bd. 1), München 1968.

Wörterbuch der deutschen Gegenwartssprache, hrsg. von Ruth Klappenbach und Wolfgang Steinitz, 6 Bde., Berlin 1980–1982.